健身气功 八段锦 运动指南

李然 主编

化学工业出版社
·北京·

本书依据现代运动处方的理论对如何开展八段锦运动进行了明确的规范，以帮助读者科学地组织和安排八段锦运动。本书还特别邀请了世界健身气功冠军、中国健身气功国家队教练刘晓蕾老师进行示范，并指出易犯错误，给出纠正方法，读者可以学习到正规和雅致的健身气功八段锦功法。本书适合广大健身爱好者参考阅读。

图书在版编目（CIP）数据

健身气功八段锦运动指南 / 李然主编. —北京：化学工业出版社，2020.1（2023.7重印）
ISBN 978-7-122-35740-3

Ⅰ.①健… Ⅱ.①李… Ⅲ.①八段锦-基本知识 Ⅳ.①G852.9

中国版本图书馆CIP数据核字（2019）第252633号

责任编辑：邱飞婵　　装帧设计：史利平
责任校对：宋　夏

出版发行：化学工业出版社（北京市东城区青年湖南街13号 邮政编码100011）
印　　装：北京虎彩文化传播有限公司
880mm×1230mm　1/32　印张$5^1/_2$　字数133千字
2023年7月北京第1版第3次印刷

购书咨询：010-64518888　　售后服务：010-64518899
网　　址：http://www.cip.com.cn
凡购买本书，如有缺损质量问题，本社销售中心负责调换。

定　　价：39.80元

编写人员

主编：李　然
编者：刘晓蕾
程　江
陈　波
厚　磊

前言

JIANSHEN
QIGONG
BADUANJIN
YUNDONG ZHINAN

八段锦历史悠久、源流清晰，为广大人民群众喜闻乐见，是健身气功中流传最广、健身效果明显的瑰宝之一，在我国健身术中占有重要地位。进入21世纪之后，健康已经成为人们推崇的主流观念。有数千年悠久历史的中国传统养生文化因其良好的文化积淀及发展历史，在全民健身活动中发挥着重要作用。

2001年底国家体育总局健身气功管理中心根据我国健身气功活动开展的实际情况和党中央对传统文化应“取其精华、去其糟粕，古为今用、推陈出新”的一贯政策立场，对传统功法八段锦进行整理创编。由此健身气功八段锦诞生，并且成为国家体育总局向全国乃至世界推广的身体锻炼方法，甚至已经成为中医养生与治疗学的一部分。在本书中所说的八段锦，如果没有特别指出，都是指国家体育总局推广的健身气功八段锦。八段锦是一套由八节动作编成的功法，以人自身形体活动、呼吸吐纳、心理调节相结合为要素的民族传统运动方法。作为以肢体运动为主的导引术，其运动强度和动作的编排次序符合运动人体力学和生理学规律。八段锦作为一种中、小强度的有氧运动，是大众健身的适宜项目，其锻炼不受场地、器材、季节、气候等限制，动作简单、易学，适合各年龄、性别的健身者练习，尤其适合中老年人练习，对老年人的身体形态、身体素质、心理等方面都有一定的促进作用。

迄今为止，八段锦的健身作用大多是通过中医养生理论进行阐述。但是，随着八段锦运动干预研究的发展，人们逐渐看到了在现代医学体系下，八段锦也是非常好的通过运动促进健康、改变疾病状态的手段，并且已有大量的循证医学证据支持。通过现代科学的方法和手段，可以从身体形态、生理机能和身体素质等方面客观有效地评价八段锦运动干预效果。为了让读者更好地了解这些循证医学证据的价值，本编写组的研究人员结合以往八段锦运动干预研究，阐述了八段锦运动能够改善疾病状态和促进健康的作用。希望读者能够通过阅读更深入地了解八段锦的健身益处，能够积极参加八段锦健身运动。在资料搜集过程中，非常感谢邹立业博士提供了较有价值的参考文献。

本书注重于把健身气功八段锦作为科学健身方法推荐给读者，因而我们依据现代运动处方的理论对如何开展八段锦运动进行了明确的规范。期望读者能够科学地组织和安排八段锦运动。同时，为了能让大众学习到正规和雅致的健身气功八段锦功法，本书特别邀请了世界健身气功冠军、中国健身气功国家队教练刘晓蕾老师进行示范，期望读者参考本书的功法传授思路和方法，能够顺利地掌握八段锦动作，在循序渐进的运动过程中，喜欢上健身气功八段锦，通过科学健身收获健康。

编者

2019年9月

目录

051

第四章

循序渐进学习健身气功八段锦

第一章

概述

本章梳理、解读健身气功、健身气功八段锦的历史流变及其基本概念，以便科学地认知它们内在的联系。

一、健身气功简介

1996年8月，中共中央宣传部、国家体委和卫生部等七部委联合下发了《关于加强社会气功管理的通知》(简称《通知》)，第一次提出了健身气功。《通知》明确规定："群众通过参加锻炼，从而强身健体、养生康复的，属健身气功。""健身"就成了气功的"本质可靠的明证性"，具有了意指性的意向，即"设定的质性"。具体体现在："'健身'与'气功'两个词语互相限定。一方面是'健身'修饰'气功'，将'气功'限定为以健身为目的、有健身意义的气功。另一方面是'气功'规范'健身'，将健身限定为以气功为手段的健身，这就规定了体育运动与气功之间需相互取舍的基本原则。"而且健身气功本身也是高于气功的"陈述性客体化行为"，与伪气功有着明显的本质区别。

2000年9月，国家体育总局颁布了《健身气功管理暂行办法》，对健身气功概念进行了界定："健身气功是以自身形体活动、呼吸吐纳、心理调节相结合为主要运动形式的民族传统体育项目，是中华悠久文化的组成部分。"并在2006年11月颁布了《健身气功管理办法》，去掉了"暂行"两字。2001年4月30日，国家体育总局健身气功管理中心经中央机构编制委员会办公室批准正式成立，是国家体育总局的直属事业单位。2001年6月5日国家体育总局健身气功管理中心在北京奥林匹克体育中心中国武术研究院内举行了揭牌仪式，可以说该机构的成立是加强改进健身气功管理的又一重要举措，充分体现了国家对健身气功管理的高度重视，对进一步推动健身气功的科学健康发展具有极其重要的意义。

健身气功简单易行、动作舒缓、内涵丰富，对身心健康具有良好的促进作用，一直深受广大群众特别是中老年群众的喜爱，在帮助人们祛病健身、延年益寿等方面发挥了积极作用。健身气功的概念不能忽略一个基本前提，即它是个体育运动项目。这个前提意味着有必要在体育运动的范围内探讨这一概念，即健身气功需要体现体育运动的基本精神和目的，需要确定自己独特的运动形式。健身气功是健身和气功两个词语结合而成的复合词组，依据健身气功是一个体育运动项目的前提，探讨健身气功概念的含义，可以分为三个步骤，即先分别探讨“健身”和“气功”两个词语的含义及其与体育运动的关系，再探讨这一复合词组的含义。

“健身”的含义比较清晰，这个词语由“健”和“身”两个单字组成。“健”与“身”的关系是古汉语中的“使动用法”关系，前者支配后者，两个字合起来是“使身体健康”的意思。在日常生活中，这个词语常与各种体育运动联系在一起，例如“健身操”“健身舞”“健身球”等，这种联系有其必然性。因为“使身体健康”是一个目标，而实现这一目标，必须落实到某种具体的项目及行为上，而与此目标相关的项目及行为应该是各种各样的身体活动。体育运动可以说是各种肢体动作与器械配合的总称，因此，健身与体育运动相关联。健身体现了体育运动的基本精神和主要价值，而丰富多彩的体育运动使健身的价值得以充分实现。

从具体操作角度看，各种体育运动的活动手段也是“三调”，例如跑步中的起跑，做起跑姿势是调身，深吸一口气是调息，听发令的枪声立即启动是调心，“三调”都在，但这不是气功，只是体育运动，因为其中的“三调”是分别操作的，并没有融合为一体。健身气功修练的特点是通过“三调”的同时性而达到“三调合一”。在“三调合一”的状态中，感悟到养生健身的境界。由此可见，是否达到“三调合一”的境界是健身气功与一般体育运动的基本区别。当然，任何区别都有相对性的一面。在健身气功修练过程中“三调”操作尚未达到合一时，其身心状态与一般体育运动也有区别。健身气功的“三调”重过程，在学练当中就会有审美感悟，而一般体育运动重结果，不同的结果会带来不同的体验。

因此，健身气功是一项通过调身、调息、调心锻炼，调顺人体系统功能状态，改善身体健康状况，使身心臻于高度和谐的技能。健身气功涉及了医学、美学等传统科学的内容。可以说，中国人独特的思维方式、行为规范、审美观念、心态模式、价值取向和人生观等，在健身气功中都有不同的反映。

为了能更好地发挥健身气功的作用，从国家层面上赋予了它“话语权”。国务院于2009年8月30日正式颁布《全民健身条例》，并于10月1日起实施。2011年2月15日，国务院又印发了《全民健身计划（2011—2015年）》，目标任务中就有“广泛组织健身操（舞）、传统武术、健身气功、太极拳（剑）、骑车、登山、跳绳、踢毽、门球等群众喜闻乐见、简便易行的健身活动”。2015年5月，国务院办公厅印发的《中医药健康服务发展规划》中提出大力发展中医养生保健服务，推广太极拳、健身气功、导引等中医传统运动。2016年10月，中共中央办公厅、国务院办公厅印发的《“健康中国2030”规划纲要》中提出扶持推广太极拳、健身气功等民俗民间传统体育项目。2017年1月，中共中央办公厅、国务院办公厅印发的《关于实施中华优秀传统文化传承发展工程的意见》中提出传统体育进校园、发展传统体育，把传统体育项目纳入全民健身工程。

另外，健身气功既然是体育项目，就应该具有体育的特点：竞争性、文化性、科技性、交流性、功利性、商业性。尤其在2017年7月，健身气功成为第十三届全运会群众比赛项目，把健身气功的竞争性推向了高潮，尤其比赛项目健身气功·气舞更彰显了健身气功的艺术性、观赏性、创造性。在健身气功的推广普及中，“中国百城千村健身气功交流展示系列活动”在2011年9月21日获得国际奥委会颁发的“群众体育的发展与促进奖”，这也是国际奥委会首次设立的“发展与促进”群众体育奖项。从2007年至今持续开展的“全国百城千村健身气功交流展示系列活动”凭借着举办980多场次、参加表演展示的练功群众累计90多万人的受益人群，而获得了此殊荣。关于健身气功的比赛，具有多种形式，如全国高等院校比赛、全国站点比赛、各级省市县比赛等。通过竞赛的形式不仅宣传了健身气功，而且对其推广普及起到了积极作用，从而提高了群众对健身气功的认知程度。

二、健身气功八段锦简介

国家体育总局已将健身气功确立为我国正式开展的第62个体育项目。对健身气功的发展规划与管理的总体思路“讲科学、倡主流、抓管理、促和谐”，遵循着“取其精华，去其糟粕”的精神，按照中央610办公室和国家体育总局党组的要求，在广泛充分调研的基础上，国家体育总局健身气功管理中心决定从近千种功法（据有关部门2000年的不完全统计，气功功法共有846种）中进行整理挖掘，更好地体现“取其精华，去其糟粕，加强管理”的重要指示精神，来创编健身气功新功法。2001年10月，健身气功新功法的创编工作正式启动，为了高质量地完成创编任务，国家体育总局健身气功管理中心向全国具有气功教学和科研实力的体育、中医院校和科研单位公开招标，本着公开、公平、公正的原则，举行了竞标会。结果深受广大群众欢迎且具有品牌效应的健身气功·易筋经、健身气功·五禽戏、健身气功·六字诀和健身气功·八段锦4种功法的研究课题中标。随后，为了满足不同习练人群的需求和项目的多元化，于2007年开始，健身气功管理中心又开始了创编健身气功新功法的工作。结果健身气功·太极养生杖、健身气功·十二段锦、健身气功·导引养生功十二法、健身气功·马王堆导引术、健身气功·大舞中标。为满足群众健身养生需求，国家体育总局健身气功管理中心分别在2013年7月、2017年6月，组织编创了健身气功明目功、桩功、二十四节气功法，随后相继推广。由此，健身气功八段锦是21世纪初，国家体育总局为了更好地满足人民群众强身健体的需要，弘扬中华民族优秀传统文化，严格按照科研课题的检验程序和实施办法，组织有关专家学者，在挖掘整理中国传统功法精华的基础上编创的健身气功新功法之一，它具有柔和缓慢、圆活连贯，松紧结合、动静相兼，神与形合、气寓其中的功法特点，并在演练中讲究立身中正，通过神注桩中的过程来达到祛病强身、延年益寿的目的。

图1

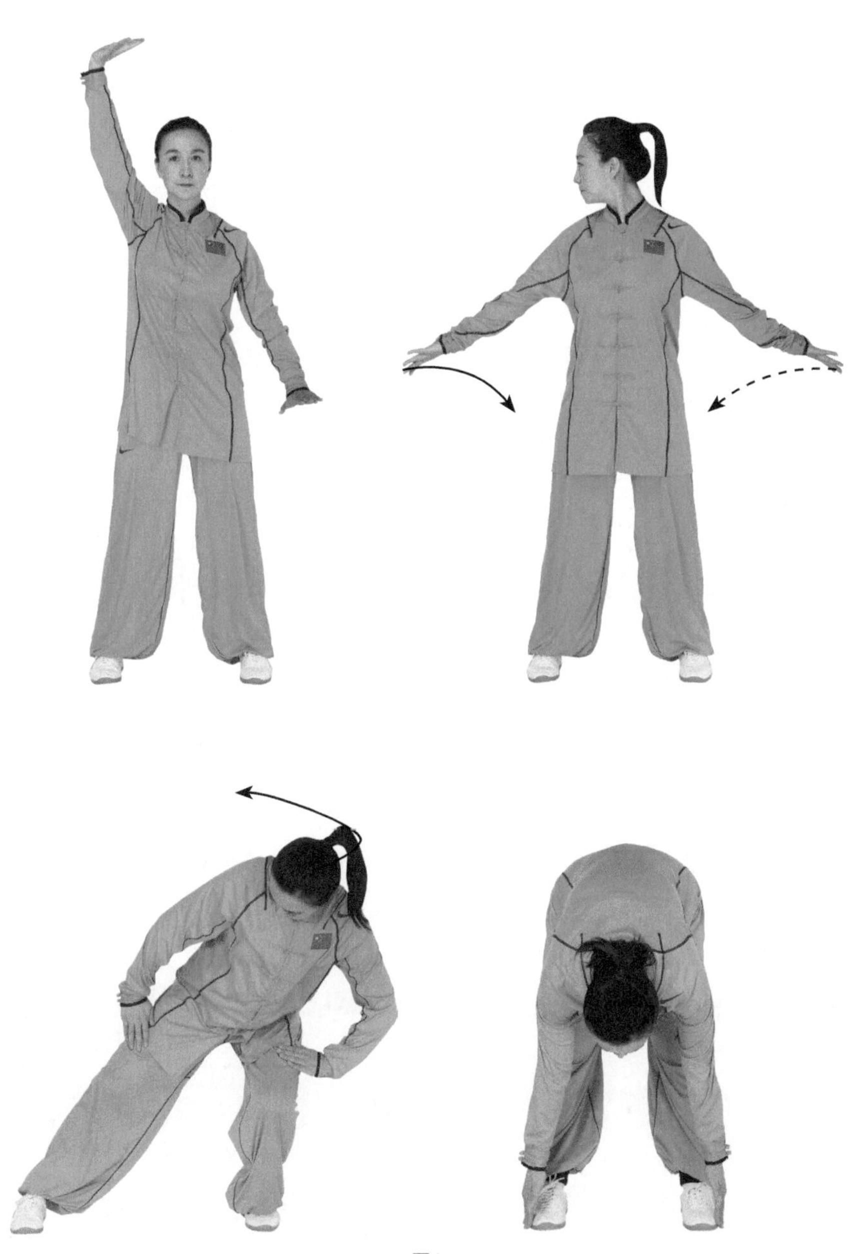

图1

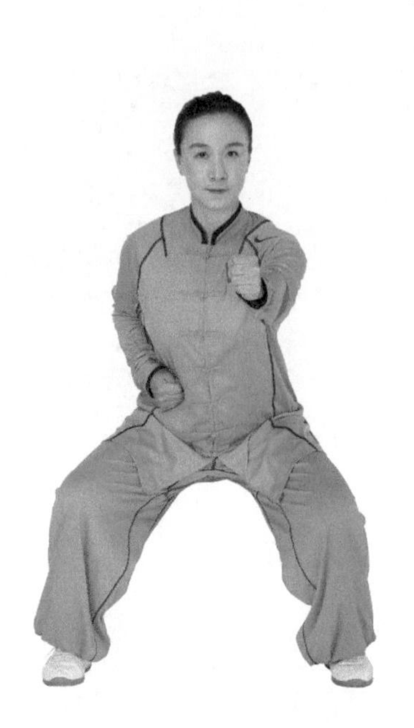
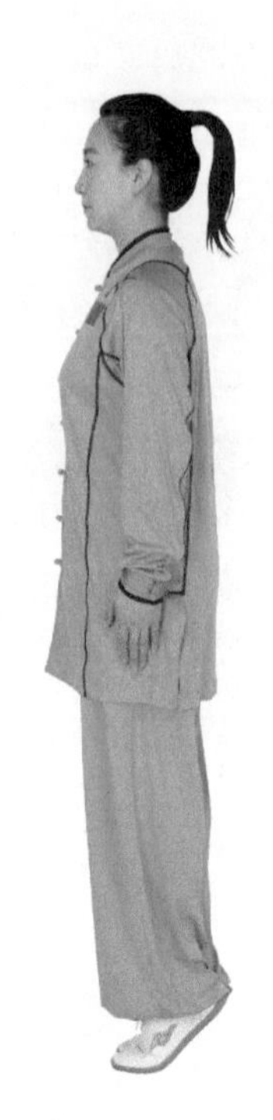

图1　健身气功八段锦

健身气功八段锦（图1）的运动强度、动作编排次序、动作节奏等符合运动训练学、运动生理学和美学规律，属于有氧运动，安全可靠。在整套功法（共有八个动作：两手托天理三焦、左右开弓似射雕、调理脾胃须单举、五劳七伤往后瞧、摇头摆尾去心火、两手攀足固肾腰、攒拳怒目增气力、背后七颠百病消）的基础上增加了预备式和收式，使套路更加完整规范。习练健身气功八段锦时一般采用逆腹式呼吸，同时结合提肛呼吸。具体操作是吸气时提肛、收腹、膈肌上升；呼气时膈肌下降、松腹、松肛。调息要与八段锦功法动作配合，起吸落呼，开吸合呼，蓄吸发呼，在每一个功法动作中的松紧与动静变化的交替处，可适当屏气。因每个人的身心基础不同，比如肺活量、呼吸频率存在差异，练功时的动作幅度也有大小、长短之别，所以，习练者对呼吸的要求应灵活运用，不可生搬硬套，气息不畅时，应随时进行调节。当然，在“调息”与“调身”结合时，也要注意健身气功八段锦的“调心”即意守。在预备式，要意守丹田、宁静心神、调整呼吸、端正身形；两手托天理三焦，要意想三焦通畅、顺达；左右开弓似射雕，要意想商阳，开弓劲达脊背；调理脾胃须单举，要意想丹田，伸拉两胁，吸入清气，呼出浊气；五劳七伤往后瞧，旋臂时意在刺激手三阴三阳经，后瞧时转动颈部意在大椎，展肩意在劲达脊背，蹲身意在气沉丹田；摇头摆尾去心火，摇头意在放松大椎，摆尾意在转动尾闾，意想涌泉；两手攀足固肾腰，俯身摩运膀胱经，畅通任、督二脉，意在命门，气息沉至丹田；攒拳怒目增气力，左右拧转脊柱，气力发于丹田，旋腕用力抓握，两眼怒目睁圆；背后七颠百病消，脚趾用力抓地，百会向上虚领，放松肢体下颠，吸气、呼气，意想丹田；收式，气息归元守丹田。因此，健身气功八段锦注重“意”“气”“形”的综合锻炼，是以中医经络学说为基础，每个动作根据经络循行起终交结规律，突出体现逢练必旋、逢功必绕的特点，并结合呼吸中的深、匀、细、长，以此来达到强身健体的目的。此功法具有科学合理、内涵丰富、动作优美、易学易练的特点。因此，从创编推广以来，受到群众广泛的欢迎，目前已推广普及到国内各省（自治区、直辖市）和世界各地。另外，为了更好地增强健身气功八段锦的观赏性及其在高校大学生中的推广开展，国家体育总局又组织编创了健身气功八段锦竞赛功法，即在健身气功八段锦原有动作且不改变性质的基础上，增加了难度动作。该竞赛功法的创编及其在全国高校健身气功比赛、全国健身气功竞赛功法大赛中的设项，促进了众多高校年轻运动员参与该项目的推广与普及。

三、八段锦的由来

八段锦功法历史悠久，以动作简单易学、健身功效明显而流传于世。八段锦的“八”字，不是单指段、节和八个动作，而是表示其功法有多种要素，相互制约，相互联系，循环运转。正如明朝高濂在其所著《遵生八笺》的“八段锦导引法”中所讲：“子后午前做，造化合乾坤。循环次第转，八卦是良因。”“锦”字，是由“金”“帛”组成，“金”表示贵重，“帛”表示珍贵、华丽的丝织品，以表示功法的精美、珍贵、华贵。除此之外，“锦”字还可理解为单个导引术式的汇集，如丝锦那样连绵不断，是一套完整的健身方法，可以循环往复、连绵不断。在我国古老的导引术中，八段锦的流传最广，对导引术的发展影响最大。

八段锦之名，最早出现在南宋洪迈所著《夷坚志》一书：“政和七年，李似矩为起居郎……尝以夜半时起坐，嘘吸按摩，行所谓八段锦者。”八段锦在北宋已流传于世，并有坐式和立式之分，坐式八段锦又演化为十二段锦和十六段锦。十二段锦，因有十二节，故名十二段锦。此功包括动功和静功，静功包括入静、存想；动功有鸣天鼓、摩后精门、攀足等。最早见于清乾隆三十六年（1771）刊徐文弼（字鸣峰）所编《寿世传真·十二段锦歌》，后载入清潘霨辑《卫生要术》(1858)、清王祖源编《内功图说》(1881)、清冯曦纂《颐养诠要》(1898)。十六段锦之名，最早见于元末明初的养生学家冷谦所著的《修龄要旨·十六段锦法》，它是在八段锦基础上吸收了老子导引二十四式、婆罗门导引十二式、赤松子导引十八式、钟离导引十八式、胡见素五脏导引等精华创编而成的，由抱项、按项、鸣天鼓、按膝、开弓、摆肩、捶腰、排天、钩脚、曲脊、扳身、拗步、背手、扭腿、漱津、起火等十六组动作组成。明代河滨丈人撰《摄生要义·导引篇》、明代徐春甫《古今医统大全》卷100、清尤乘《寿世青编》均收载此功法。

立式八段锦，首次见于南宋曾慥著的《道枢·众妙篇》：“仰掌上举以治三焦者也；左肝右肺如射雕焉；东西独托，所以安其脾胃矣；往返而顾，所以理其伤劳矣；大小朝天，所以通其五脏矣；咽津补气，左右挑其手；摆鳝之尾，所以祛心之疾矣；左右手以攀其足，所以治其腰矣。”但这一时期的八段锦以动作要领为主，并没有定名，其文字也尚未歌诀化。随后，在南宋陈元靓所编《事林广记·修真秘旨》中才定名为“吕真人安乐法”，其文已歌诀化：“昂首仰托顺三焦，左肝右肺如射雕；东脾单托兼西胃，五劳回顾七伤调；鳝鱼摆尾通心气，两手搬脚定于腰；大小朝天安五脏，漱津咽纳指双挑。”明清时代，立式八段锦有了很大的发展，并得到了广泛传播。清末《新出保身图·八段锦》首次以“八段锦”为名，并绘有图像，形成了比较完整的动作套路，其歌诀为：“两手托天理三焦，左右开弓似射雕；调理脾胃须单举，五劳七伤往后瞧；摇头摆尾去心火，两手攀足固肾腰；攒拳怒目增力气，背后七颠百病消。”

八段锦在流传中出现了许多流派。例如，清朝山阴娄杰述八段锦立功，其歌诀为：“手把碧天擎，雕弓左右鸣；鼎凭单臂举，剑向半肩横；擒纵如猿捷，威严似虎狞；更同飞燕急，立马告功成。”另外，还有《易筋经外经图说·外壮练力奇验图》（清·佚名）、《八段锦体操图（12式）》等。这类八段锦都出于释门，僧人将其作为健身养生的方法和武术基本功来练习。总的来看，八段锦分为南北两派，行功时动作柔和，多采用站式动作的，被称为南派；动作多马步，以刚为主，被称为北派。从文献和动作上分析，不论是南派还是北派，都同出一源，在流传中相互联系与渗透，逐渐趋向一致。

八段锦究竟为何人、何时所创，尚无定论。但从湖南长沙马王堆三号墓出土的《导引图》可以看到，至少有4幅图式与八段锦图式中的“左右开弓似射雕”“调理脾胃须单举”“两手攀足固肾腰”“背后七颠百病消”相似。另外，南北朝时期陶弘景所辑录的《养性延命录》中也有类似的动作图式。如，“狼距鸱顾，左右自摇曳”与“五劳七伤往后瞧”动作相似；“顿踵三还”与“背后七颠百病消”动作相似；“两手前筑”与“攒拳怒目增气力”动作相似；“左右挽弓”与“左右开弓似射雕”动作相似；“左右单托天”与“调理脾胃须单举”动作相似。这些都证明，八段锦与《导引图》《养性延命录》有一定的关系。

第二章

健身气功八段锦与健康

本章将从循证医学的角度阐释健身气功八段锦的健身效果，从中医养生角度分析健身气功八段锦的健身原理。

第一节 健身气功八段锦与循证医学研究

八段锦是有千年历史的中国传统健身气功锻炼形式的一种。八段锦健身气功主要以缓慢持续对称的动作为主，结合呼吸运动与骨骼肌放松，在冥想状态中达到身心合一，对长期锻炼的人能够起到预防疾病的作用。八段锦健身气功由八个简单易学的动作组成，以中国传统中医理论为基础而创编。通过八段锦健身气功锻炼，人体能够达到身体内部能量释放的效果。

八段锦是一种自我身心锻炼方法，通过自我调节，平衡精神情绪，达到祛病防病、保健延年的作用。其对代谢系统及其他脏器的作用机制主要表现在：

（1）调节大脑中枢　练功过程中大脑皮质细胞活动趋于有序化，中枢介质多巴胺活动降低，血浆皮质激素分泌减少，环磷酸腺苷与多糖体含量增加，从而提高大脑效率。由于大脑有序化，交感神经兴奋性减弱，副交感神经兴奋性增强，调和人体阴阳。

（2）调节呼吸　练功者练功时膈肌上下活动较练功前的幅度增大2～4倍，吸气状态下，胸膜腔负压增大，由于膈肌活动幅度加大，呼吸潮气量明显增加，同时通过呼吸调节，改变自主神经的兴奋性，起到协调阴阳的作用。

（3）促进消化　由于练功时膈肌的活动幅度加大，使膈肌对胃肠按摩作用加强，以及腹式呼吸作用，胃蠕动频率和波形较前均增加，肠鸣音加

强，肌张力提高，胃肠排空速度加快，有利于食物消化吸收，使营养状况得以改善，同时促进唾液分泌，有助于消化。

（4）促进血液循环　练功后较练功前末梢血管通透性增强，皮肤温度明显升高，所以练功后常感到手足温暖、掌心出汗、皮肤红润等。

（5）调节免疫　练功可以使淋巴细胞转化率提高，使机体迷走神经兴奋性加强，从而促进胰岛素分泌，抑制交感神经，使肾上腺素分泌减少，加速糖原合成。

（6）其他　可以改善人们的不良心理状态，在生理上可以提高人们的防病抗病能力，预防衰老，符合中医养生哲学思想。

随着健身气功八段锦的参与人数在全球不同地区的增加，健身气功八段锦的科学研究数量也随之增加。这些科学研究主要集中在八段锦健身气功对人体不同健康指标的影响，包括心理健康、心血管参数、生命质量、睡眠质量、骨关节炎、心肺健康、运动表现力、平衡能力，以及身体柔韧性。这些研究提供的证据表明八段锦健身气功对健康有益。不少研究还集中在特定的健康状况/参数，如高血压、2型糖尿病、疼痛和血脂代谢等方面。上面这些研究为我们是否选择健身气功八段锦作为健身运动提供了医学证据，这就是专业人士口中的循证医学证据。正是这些循证医学证据的存在，才促使我们编撰了本书，希望能够让更多有健康需要的人从健身气功八段锦运动中获益。因而，在本章下面的章节简要地介绍下这些医学证据。

一、八段锦对生活质量的影响

当生活质量这一术语被引入医学研究领域时，主要是指个体生理、心理、社会功能三方面的状态评估，即健康质量。与治疗效果或生存期指标一样，患者的生活质量也是他们所接受的医疗保健服务有效性的一个重要指标。目前至少有4项高质量的研究表明练习八段锦会对提高生活质量有显著性影响。八段锦气功对生活质量的益处在老年人和慢性病患者中更为明显，这些人往往体质较差，因而更受益于中低强度的健身气功八段锦练习。研究证据表明，每周至少2次，每次30分钟，最短持续时间为8周的训练方案就能够产生积极结果。需要说明的是，由于各项研究使用不同的工具评估生活质量，且生活质量的内容涵盖也非常广，我们这里所说的八段锦对生活质量的积极影响更多是针对体质和健康水平的提高。

二、八段锦对睡眠质量的影响

高质量的睡眠对工作和生活都非常重要。人的健康离不开充足的睡眠，良好的休息能提高人身体各方面的免疫力；而睡眠不足，不但影响身体的正常生理功能，而且还可能导致各种疾病。目前至少有3项高质量的研究表明八段锦气功对睡眠质量有显著积极影响。根据有限的研究，我们无法推测训练持续时间、频率和干预时间的最佳参数。但是每周至少2次，每次30分钟，最短持续时间为8周的训练方案仍然是产生积极效果的参考建议。此外，由于目前的研究仅限于八段锦气功练习对慢性病患者睡眠质量的影响，我们无法给出八段锦气功有效改善健康人的睡眠质量的直接证据。然而，适当的身体活动对睡眠质量的有益影响已得到普遍公认，其中还包括了太极拳研究，这是一种与八段锦气功具有相似特征的运动方式。总之，八段锦是缓解现代生活压力的锻炼方式之一，对于提高睡眠质量起着积极作用。

三、八段锦对血压、肺活量和心率的影响

血压、肺活量和心率是人体的重要生命体征，是衡量心肺功能的基础指标。其中血压水平更是诊断高血压病的重要指标。目前至少有9项研究表明八段锦对收缩压和舒张压有积极影响。并且八段锦对收缩压和舒张压的影响与年龄无关，也就是对青少年、成年人和老年人都有益。关于锻炼的时间和周期，研究显示，每周至少3次，每次30～60分钟的练习对于改善血压是必要的，血压得到改善的最短干预周期应达到12周。八段锦的练习还可以改善肺活量和降低安静状态下的心率。在此类研究中，练习者每周练习八段锦气功5次，每次持续时间为45～60分钟，总干预时间为10～20周。

四、八段锦对体质健康的影响

体质健康指标是指那些对增进健康和防治疾病有特殊作用的身体素质，比如身体成分、心肺耐力、肌肉力量、柔韧性、平衡能力和反应能力等。

目前至少有6项高质量的研究表明八段锦气功练习对身体平衡有积极作用。这些有益作用适用于年轻人和老年人以及帕金森病患者。改善平衡对于预防老年人和神经退行性疾病患者（如阿尔茨海默病和多发性硬化症）的跌倒症状至关重要。通过八段锦练习改善身体平衡需要每周至少30～60分钟的练习，持续8周的干预。

肌肉力量是八段锦练习改善的另一项身体素质。通常肌肉力量是通过握力测试和站立跳远测试来评估的。至少有5项研究表明八段锦气功练习

对增加握力有显著影响。根据研究结果，每周4次、每次30～60分钟的训练方案、持续8周的八段锦气功练习可以观察到其对提高握力的积极影响。关于八段锦气功对跳远测试成绩的影响，我们只发现2项高质量的研究，但都显示八段锦气功练习对跳远测试成绩存在显著的积极影响。因此，八段锦练习同样能够改善腿部力量。

至于躯干柔韧性，八段锦气功练习对体前屈伸展测试的积极影响最大，至少有3项高质量的研究支持八段锦气功练习优于对照组。这些结果表明，八段锦气功练习可以显著提高躯干柔韧性。个别研究建议，每周至少5次、每次最少持续45分钟、为期8周的八段锦练习可以改善躯干柔韧性。

6分钟步行试验通常用于评估慢性呼吸系统疾病和心力衰竭患者的心肺耐力。目前有2项研究分别开展了为期8周、每周30分钟的八段锦气功训练和为期6个月、每周4次、每次45分钟的八段锦练习。结果表明，八段锦气功练习对6分钟步行试验有好处。

第二节 健身气功八段锦与慢性病

一、八段锦与高血压

目前的研究证据表明，健身气功八段锦对不同血压水平的高血压患者均有益。对正在接受药物治疗的高血压患者，健身气功八段锦可以起到辅助降压作用。对尚未达到药物治疗标准的1～2级高血压患者，健身气功八段锦是有效的非药物治疗手段。我国还有数量众多的高血压后备人群，尽管尚未达到高血压诊断标准，但其血压水平已非理想的健康血压，这一人群一般不用服用药物，其血压的改善更加有赖于包括适量运动在内的健康生活方式，同样可以采用健身气功八段锦这一简单易学的运动方法。

健身气功八段锦是一种中小强度的有氧运动，具有多方面的降压机制。已知一氧化氮（NO）/内皮素（ET）是人体血液循环中最强的一对舒缩血管的活性物质，广泛分布在心血管系统的内皮组织，在血压调节中发挥着重要作用。目前的研究表明，八段锦可以通过降低ET水平降低血管收缩阻力，并通过NO的增加进一步改善血管舒张功能。此外，目前至少9项高质量的研究表明干预后健身气功八段锦组血压和对照组相比较均显著降低。此外，预防和缓解心理压力也是防治高血压等心脑血管病的重要方法之一。健身气功八段锦锻炼要求凝神调息、静心用意，对舒缓心理压力具有积极作用。八段锦还可以通过改善睡眠质量改善血压状况。24小时动态血压监测发现，睡眠质量差者的血压昼夜节律出现紊乱现象，夜间血压接近或不再低于日间血压（动态血压监测也可将其作为诊断高血压的依据）。夜间血压升高不利于全身器官的休息，易造成靶器官损害。高血压患者失眠后的次日血压容易升高，常伴有心率增快，因此良好的睡眠有利于降压。睡眠质量差的高血压患者，除可应用催眠药外，也可尝试采用健身气功八段锦改善睡眠质量。

二、八段锦与2型糖尿病

2型糖尿病是一组代谢性疾病，也就意味着要想控制好糖尿病的病情、延缓和降低并发症发生的可能，仅仅控制血糖是不够的，需要血压、血糖、血脂等多因素、多指标共同考虑。综合多个研究结果发现，八段锦的运动治疗在帮助2型糖尿病患者控制血糖的同时，也在控制血压、血脂和周围神经病变等方面起到了积极的作用。目前的研究证明，八段锦运动可以降低糖化血红蛋白、空腹血糖、餐后血糖、血三酰甘油、血胆固醇和低密度脂蛋白水平，改善高密度脂蛋白水平。以上的研究说明，八段锦能够通过减少体内脂肪代谢，进而提高机体对葡萄糖的吸收，减轻外周组织对胰岛素的抵抗，提高肌肉组织对葡萄糖的利用率，降低血糖。此外，相较于常规治疗，增加八段锦运动，可以减少血糖波动，改善周围神经病变和神经传导速度，有利于2型糖尿病并发神经病变患者的治疗。

三、八段锦与脑卒中后遗症

脑卒中（又称脑血管疾病）是一种对脑组织的破坏性病变，突然发生于脑血管功能障碍，导致细胞死亡。这种神经紊乱是由脑血管阻塞（缺血性脑卒中）或脑血管破裂（出血性脑中风）引起的。通常在脑卒中后幸存者中有感觉运动障碍（例如，身体感觉和本体感受丧失，以及协调和平衡模式改变）的报道。这直接与无法发起自主运动或偏瘫有关。此外，抑郁症状是脑卒中后幸存者常见的严重并发症，大约30%的脑卒中后幸存者会出现抑郁症，这可能与他们对未来生活失去希望有关。脑卒中引起的症状极大地影响了患者的日常生活的活动，降低了他们的生命质量。

目前至少有8项高质量的研究报道八段锦运动作为一种安全的辅助康复方法，有助于改善脑卒中后幸存者的平衡功能、下肢运动感知觉功能、抑郁症状、日常活动能力和生命质量。八段锦套路要求姿势对称和动作协调，这需要练习者通过体重移动或移动手臂、腿和躯干来维持平衡或改变重心。例如，在完成运动“摇头摆尾去心火”时，练习者需要以低马步势蹲下，同时将手放在大腿上，肘部朝外，然后用上半身画圆（在两侧移动上半身的重量）而不失去平衡。因此，能够说明八段锦运动对改善脑卒中后幸存者下肢平衡功能和感觉运动功能具有显著作用。八段锦不仅注重加强身体功能的锻炼，而且强调用意念去协调呼吸和使骨骼肌肉放松，并且能够有效地提高脂连蛋白水平，有助于减少慢性病患者患抑郁症的风险。随着上述临床症状得以改善，脑卒中后幸存者的日常活动能力和生活质量也可能相应得到提高。

四、八段锦与抑郁症

据世界卫生组织报道，全球估计有4.5亿人患有精神疾病（例如压力、焦虑、抑郁和情绪障碍），并且有四分之一的人这些心理症状会持续一生。精神疾病已经被认为是15岁或15岁以上人群残疾的主要危险因素。尤其是患有慢性身体疾病的人们（例如，有认知障碍或姿势稳定性差的老年人，脑卒中、关节炎、哮喘、心脏病、2型糖尿病和乳腺癌的患者）发展为焦虑和/或抑郁的风险更大。抑郁症不仅给家庭带来巨大的经济负担，而且对国家医疗体系构成挑战。目前至少有25项高质量的研究表明八段锦运动干预措施能够减轻临床患者（包括身体和精神疾病患者）的焦虑和抑郁。八段锦适用于所有年龄和体力的人，容易学习，并且基本没有副作用，因此具有重要的公共健康意义。八段锦运动是一种身心整合的练习方法，强调肌肉骨骼放松、意念放松状态和呼吸调节等，可有效缓解压力、焦虑和抑郁。目前的研究表明，随着练习次数的增加，抑郁水平呈现明显下降趋势。

第三节 ◈ 健身气功八段锦与中医养生

八段锦具有柔和缓慢、圆活连贯，松紧结合、动静相兼，神与形合、气寓其中的功法特点。根据八段锦功法的特点中医学认为，其养生作用不可小觑。中医养生之道的特点就有“形劳而不倦”的锻炼身体方法，善养生者，必调和血气，使之周流不息，而运行气血的一个重要途径就是多运动。八段锦与中医经络养生有着密切的联系，是一种具备科学中医理念的锻炼功法，在心理上可以改善人的不良心理状态，在生理上能增强人体脏腑功能、提高身体素质、改善身体机能、增强防病抗病及抗衰老的能力，并能辅助治疗一些慢性病。八段锦运动具有舒展筋骨、行气活血、疏通经络、调整阴阳、祛病延年的功效，经常练习可起到中医预防、保健、治疗的养生作用。接下来我们从八段锦的每招每式中挖掘一下养生之道。

一、预备式

预备式的动作要点是头向上顶，下颌微收，舌抵上腭，双唇轻闭；沉肩坠肘，腋下虚掩；胸部宽舒，腹部松沉；收髋敛臀，上体中正；呼吸徐缓，气沉丹田。预备式有宁静安神、调整呼吸、内安五脏、端正身形的作用，以从精神与肢体上做好练功前的准备。中医学认为，起式强调的是周身放松，特别是两肘、两腋、两胯、两腘窝要充分放松，这就是《黄帝内经》所讲的“八虚”。中医讲“真气之所过，周身三百六十五节”，其中所叙述的就是关节为人体气血所行走的地方，这就要求关节各处要松弛，才能保证气血的畅通，“通则不痛”。对该八个关节的放松，是功法前的准备活动，但更为重要的是畅通气血，防止气血壅塞所导致的痛证。

二、两手托天理三焦

本式的动作要点是两掌上托要舒胸展体，略有停顿，保持抻拉；两掌下落，松腰沉髋，沉肩坠肘，松腕舒指，上体中正。通过两手交叉上托，缓慢用力，保持抻拉，可使三焦通畅、气血调和。练习本动作牵拉到的主要经脉有任脉、督脉、手少阳三焦经、手厥阴心包经、足少阳胆经、足太阳膀胱经。三焦是上焦、中焦、下焦的合称。三焦的概念有：一是指六腑之一，即脏腑之间和脏腑内部的间隙互相沟通所形成的通道。在通道中运行着元气和津液，因此，气的升降出入，津液的输布与排泄，均有赖于三焦的通畅；二是单纯的部位概念，即膈以上为上焦，膈至脐为中焦，脐以下为下焦。三焦的主要生理功能是通行元气和运行水液。“两手托天”为何能调理三焦？天，为最高；托天者，就是尽量向上托的意思。“两手托天理三焦”这个完整动作是一个呼吸周期，但在“托天”一瞬间，应当是闭息助力，从而使“内劲”贯通上、中、下三焦。全身各个关节几乎全部参与锻炼；在两手托天时配合逆腹式呼吸，会使胸腹部的内脏得到间接的“按摩”；还会使十四经脉及与其相关的络脉、经筋、皮部也随着锻炼而得以调理。通过脊柱的对拉拔伸，刺激背部的督脉及脊柱两侧的足太阳膀胱经，以此来调理五脏六腑。因此，脊柱的自我锻炼，其养生健身意义是十分明显的。在中医学中，脊柱是督脉所在地，总督一身阳气。“两手托天理三焦”上托下落，升降开合，使元气输布全身，使津液滋润脏腑，从而起到调整人体阴阳气血的作用。中医学认为此动作可以扩张胸廓，使腹腔、盆腔内的脏腑受到牵拉按摩，同时也可以牵拉上肢内侧手少阴心经、手厥阴心包经、手太阴肺经，从而达到对心、心包、肺等脏腑及其所属经脉的刺激，促使经气运行；向上牵拉可以伸展脊柱与督脉，刺激相应神经节段，调节相应脏腑的功能。手太阴肺经和手少阳三焦经的循行及相关穴位如图2所示。

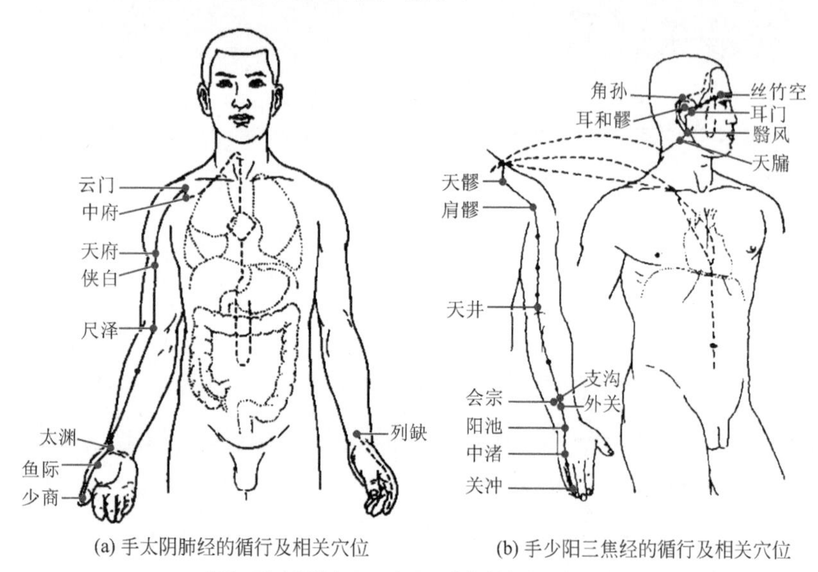

(a) 手太阴肺经的循行及相关穴位　　(b) 手少阳三焦经的循行及相关穴位

图2　手太阴肺经和手少阳三焦经的循行及相关穴位

三、左右开弓似射雕

此式的动作要点是侧拉之手五指要并拢屈紧，肩臂放平；八字掌侧撑需要沉肩坠肘，屈腕，竖指，掌心含空。通过展肩扩胸，可刺激督脉和背部腧穴；同时刺激手三阴、三阳经等，可调节手太阴肺经等经脉之气。原始八段锦中的“左右开弓似射雕”为“左肝右肺如射雕”，对肝、肺有很好的调节作用。总体来说，“左右开弓似射雕”主要针对督脉、手阳明大肠经、手太阴肺经和足少阳胆经进行了有效的疏通、拉伸和刺激，从而保持肺、大肠和胆的健康。在中医学中，以五行属性而言，肝属木，主疏泄，肝气以升发为顺；肺属金，主全身之气，肺气以肃降为畅。从肝肺的关系来看，肺金对肝木保持适度的制约，是正常的生理状态，称为相克；如果肝木太甚，对肺金形成反克，则为病理状态，表现为肝升太过，肺降不及，称为相侮。保持肝肺之间正常的相克关系，对于维持人体的健康是必须的。据此，本式功法锻炼时，通过马步状态下两手“射雕”样的“左右开弓”，对左（主升之肝气）、右（主降之肺气）进行科学调节，以保证其正常的升降状态。因此，从中医理论上来说，本式的主要作用是通过调节肝肺两脏来调整气机的升降；从实际效果看，由于“左右开弓似射雕”的动作，无形之中有扩胸作用，所以它除了对肝肺两者有保健作用外，对其他脏腑也都有较好的保健作用。手阳明大肠经的循行及相关穴位如图3所示。

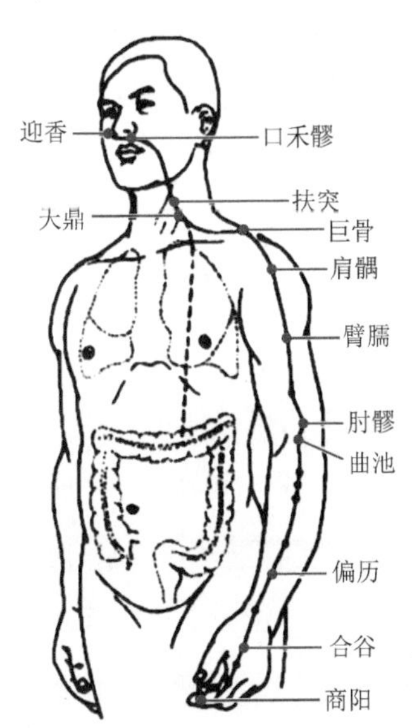

图3　手阳明大肠经的循行及相关穴位

四、调理脾胃须单举

本式动作要求力在掌根，上撑下按，舒胸展体，拔长腰脊，通过左右上肢一松一紧的上下对拉（静力牵张），可以牵拉腹腔，对脾胃、中焦、肝、胆起到按摩作用；同时可以刺激位于腹、胸肋部的相关经络以及背部腧穴等，达到调理脾胃、肝胆和脏腑经络的作用。练习本动作牵拉到的主要经脉有足太阴脾经、足阳明胃经、足厥阴肝经、足少阳胆经、手太阴心经等。中医学认为，脾胃乃人体“后天之本”，因为脾胃具备重要的消化吸收功能，是人体的能量源头。如果脾胃的功能发挥正常，各组织器官运作效率良好，就不会发生疾病。由此看出，注意保健后天脾胃有多么重要。在形体动作中，要注意展现动静结合、刚柔相济、意气相随的原则，习练者要用心体会，切实把握，以获得较好的健身效果。运动中肢体的动是连绵不断的，静是相对的，内动外静是互为转化的，以此体现刚柔相济、松紧结合的特点。同时，在动的过程中，必须做到意气相随，用意要轻微，上举托天，下按连地，进入天人合一的境界。要深刻认识“调理脾胃须单举”的保健作用。《黄帝内经·素问·灵兰秘典论》说：“脾胃者，仓廪之官，五味出焉。”可见脾胃在人体占有极为重要的位置。中医理论认为，脾气以升为顺，胃气以降为和，二者经脉互相络属。脾与胃阴阳相合、燥湿相济、升降相因、互为协调，以维持人体饮食消化吸收的功能活动。通过“单举”运动，上撑下按，充分牵拉腹腔，可刺激脾胃经络，达到健脾和胃的作用。足太阴脾经与足阳明胃经循行在胸、腹部，通过“单举”运动导引疏通经络，增强其运化功能；通过上撑下按，增强脊柱的灵活性和稳定性；在动作的导引下，以肩力带动两掌的上举下按、扩胸展腹、拔长腰脊，可刺激督脉经络。督脉主髓、通脑，行脊入里，通过反复牵拉磨合，疏通肩颈脊柱内经络，使关节肌肉气血充实，达到滑利关节、增强肩颈脊柱活动的灵活性和稳定性的目的。足阳明胃经和足太阴脾经的循行及相关穴位如图4所示。

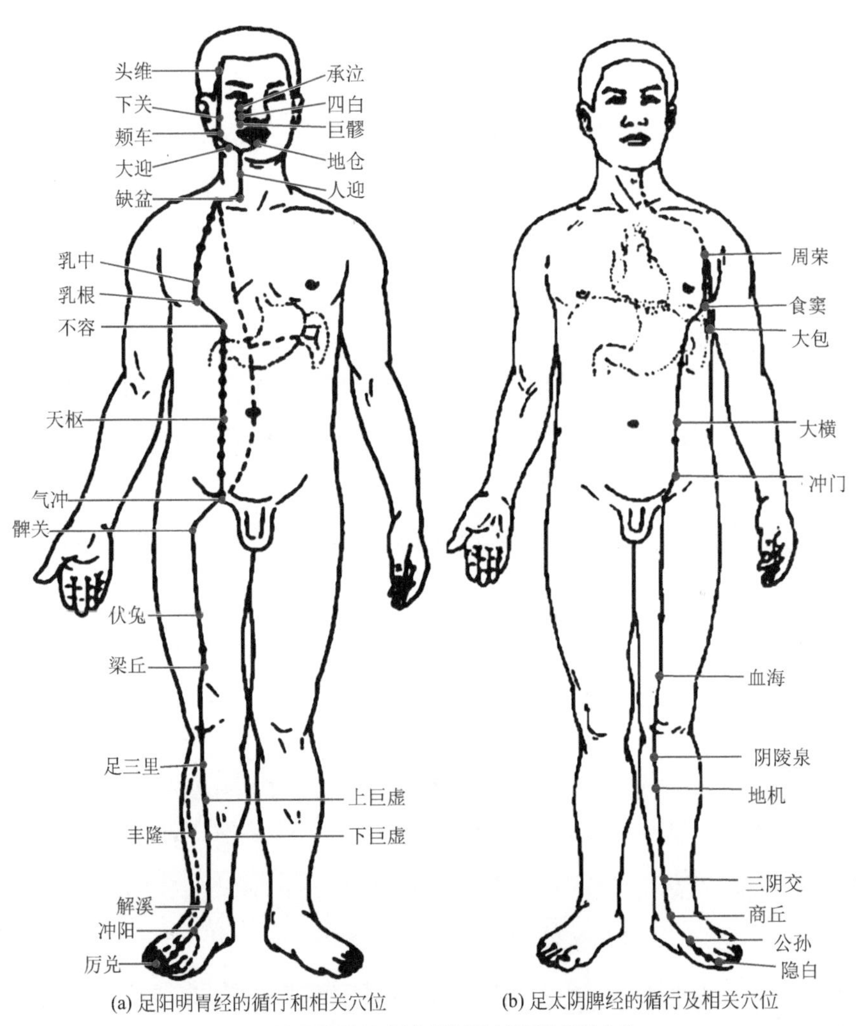

图4 足阳明胃经和足太阴脾经的循行及相关穴位

五、五劳七伤往后瞧

本式要求头向上顶，肩向下沉，转头不转体，旋臂，两肩后张。“五劳”是指心、肝、脾、肺、肾五脏劳损；“七伤”是指喜、怒、忧、思、悲、恐、惊七情伤害。通过上肢伸直外旋扭转的静力牵张作用，可以扩张牵拉胸腔、腹腔的脏腑。往后瞧的转头动作，可刺激颈部大椎穴，达到防治“五劳七伤”的目的。人的七情活动与脏腑有着密切关系。因为以五脏精气作为情志的物质基础，只有作用于机体脏腑时，才能表现出情志的变化。《黄帝内经・素问・阴阳应象大论》说：“人有五脏，化五气，以喜怒悲忧恐。”这指出了情志活动和相应脏腑的密切关系。情志的异常变化伤及脏腑，主要是影响脏腑的气机，使其功能紊乱而发病。如《黄帝内经・素问・举痛论》说：“百病生于气也，怒则气上，喜则气缓，悲则气消，恐则气下，惊则气乱，思则气结。”习练者长期坚持做“往后瞧”动作，可疏通经络，强化脏腑功能，排除七情干扰，促进气血循环，保持健康的身心状态，使精神愉悦、精力充沛。通过“往后瞧”，上肢伸直外旋、扭转的静力牵拉作用可刺激足太阳膀胱经上的五脏和六腑等腧穴。下颏内收、胸腹向前伸展、脊柱微成反弓的活动，可刺激督脉、疏理任脉，使任、督二脉在动作导引中不断受到松与紧的交替刺激，从而调动脏腑经络和气血运行。“腹为阴，背为阳”，任脉循行于人体腹正中线，总任一身之阴经，故有“阴脉之海”之称，刺激任脉可调节人体阴经气血；督脉循行于脊柱正中线及头部正中线，能总督一身之阳经，故有“阳脉之海”之称，刺激督脉对全身阳经气血起调节作用。由于任、督二脉相对应，所以“往后瞧”的动作导引，可以疏通任、督二脉，使全身气机得到发动，从而疏通脏腑经络，使气血畅流不息，达到情志稳定、心静淡泊、青春常驻之目的。脏腑经络得到疏通，气血得到正常运行，脏腑功能得到强化，身体各部组织得到精气的滋养，从而保持七情的正常活动、身体的健康。手厥阴心包经的循行及相关穴位如图5所示。

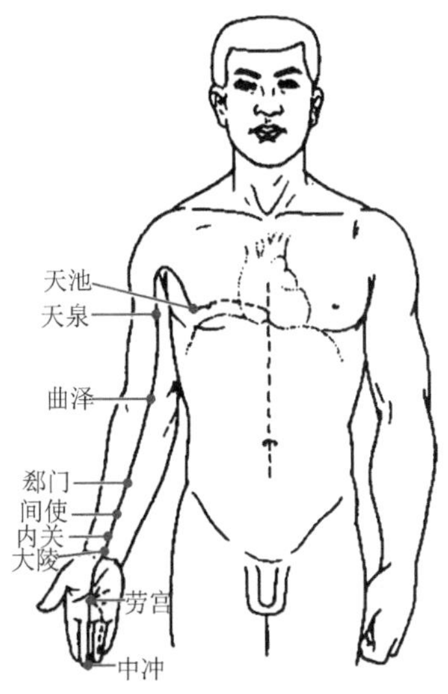

图5　手厥阴心包经的循行及相关穴位

六、摇头摆尾去心火

本式动作要点是马步下蹲要求收髋敛臀，上体保持中正；摇头摆尾时，要求颈部与尾闾对拉伸长，好似两个轴在相对运转，速度应柔和缓慢，动作圆活连绵；年老体弱或身体不适者要注意动作幅度和强度，不可强求。“摇头摆尾去心火”以中医学的藏象学说为指导，练习心经，通过“摇头摆尾”的动作来达到调和上下、平衡水火、平秘人体阴阳、调理脏腑机能的目的。本式功法属治疗性功法，其中的“摇头摆尾”指的是操作，“去心火”是其功法效果。“心火”，即心热火旺的病证，属阳热内盛的病机。“摇头摆尾去心火”主要通过对脊柱大幅度侧屈、环转及回旋，使头颈、腰腹及臀部、腿部等多种肌群参与收缩，既增加了颈、腰、髋、下肢的关节灵活性，也增加了肌力。同时，通过摇头可刺激大椎穴（大椎穴为六阳经的汇总点，位于颈根后，第7颈椎棘突和第1胸椎棘突之间），以提升阳气；摆动尾闾，可刺激脊柱和命门穴，“腰为肾腑，命门贯脊属肾”，肾在五行中属水，心在五行中属火，以水克火，只有壮腰强肾才能调理心火，所以刺激脊柱和命门穴，增强肾阴对人体各脏腑器官滋养和濡润的作用，进而达到“去心火”的目的。本式转腰的幅度与强度均大大增强，一方面强调了动作的轻巧与放松；另一方面还要求以腰部运动来带动颈部运动。在作用方面由于大幅度地“摇摆”增强了对命门与肾脏的按摩作用，能起到养阴滋水的作用。中医学认为，心属火，对应自然界之南方，位于人体上焦；肾属水，对应北方，位于下焦。正常情况下，肾水上济，以制约心火，使之不至于过旺；心火下降以温肾。两脏之间的这种生理关系称为心肾相交、水火既济。本式动作正是居于这一理论设定的，通过大幅度地晃海（中晃海为主，上晃海为辅），增北方肾之水，去南方心之火。在适应病证方面，主要用于虚证的劳伤性疾病，以及心火比较明显的虚实夹杂证。督脉和任脉的循行及相关穴位如图6所示。

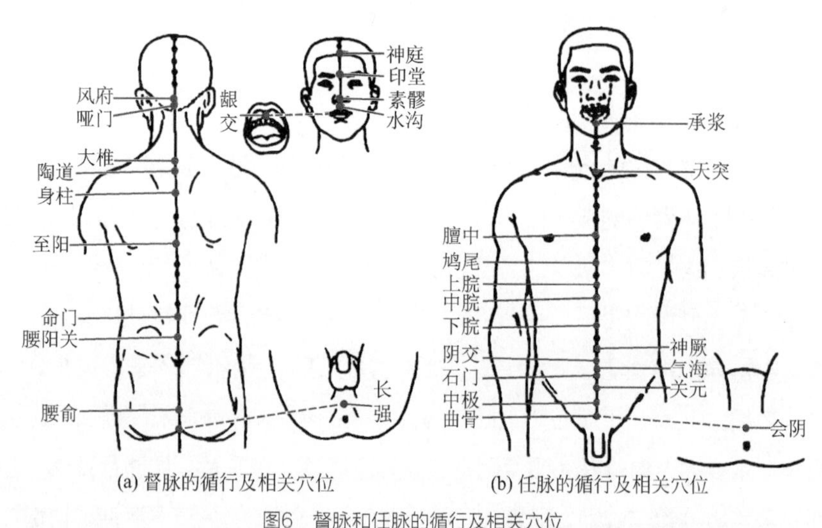

图6　督脉和任脉的循行及相关穴位

七、两手攀足固肾腰

本式动作要点要求反穿摩运要适当用力，至足背时松腰沉肩，两膝挺直；向上起身时手臂放松，主动上举，带动上体立起；动作要与呼吸和意念相统一。“两手攀足固肾腰”以中医学的经络学说为指导，通过大幅度俯仰的“两手攀足”锻炼，疏肾经、调命门、平衡任督，达到健固腰肾、疏通经脉、调理人体气血、促进生长发育的功能效果。本式功法属于日常调养性功法，其中的“两手攀足”指的是操作，“固肾腰”是其功法效果。中医理论讲“腰为肾之府”，《黄帝内经·素问·脉要精微论》说：“腰者，肾之府，转摇不能，肾将惫矣。”肾位于腰部脊柱两侧，其生理功能是藏精、主骨、生髓，为生殖发育之源；又主纳气、主水，开窍于耳及两阴，其华在发。通过“两手攀足”动作，脊柱大幅度前屈后伸，可刺激人体先天之本——足少阴肾经。首先，此经起于足掌心涌泉穴，经内踝下方，沿下肢内侧后缘上行，贯脊属肾，络膀胱。当两掌沿两侧腰部推按腰、臀、腿、足经脉穴位，对肾、肾上腺、输尿管有良好的牵拉按抚作用，不但可以疏通众多的经络不平之气，还对相联络的器官脏腑起到调节作用，达到“滋肾阴、补肾气、壮肾阳、理胞宫”的效果。其次，还可刺激脊柱督脉与腹正中线任脉，打通阴、阳经气机，发挥温补和濡养作用；推摩脊柱上的腰俞、命门、阳关等穴位，有助于调节肾阴、滋助肾阳、生精补髓，可防治生殖、泌尿系统方面的慢性疾病。再次，足太阳膀胱经循行于脊柱两旁，联络肾，与肾相表里，按摩经脉八髎、委中、承山等穴，可疏通经气、调和气血，对潜伏在膀胱经上的疾病，如头昏脑涨、腰背酸痛、股关节伸屈不灵等，都有较好的防治作用。本式功法的“固肾腰”作用，主要体现在两个方面：一是通过大幅度俯仰时对命门的按摩，起到补肾健腰的作用；

二是通过对腹部和腰背部经络一紧一松的“刺激”，起到调和经气、平衡阴阳的作用，其中对任、督两脉及其经气调整作用的意义尤为重要。因为任脉为“阴脉之海”，能调节全身阴经之气血，且与上丹田相连；督脉为“阳脉之海”，能调节全身阳经之气血，且与中、下丹田相连，所以古人将气血在任、督两脉的运行过程喻作“小周天”。总之，人到老年，肾的精气衰减，生理机能和生殖能力随之减退，形体也逐渐衰老。在病理上，凡生长发育和生殖能力表现异常，都与肾气虚衰相关，因此，人们必须重视肾气的盛衰，调养人体先天之本，以求固肾壮腰、延缓衰老。足太阳膀胱经和足少阴肾经的循行及相关穴位如图7所示。

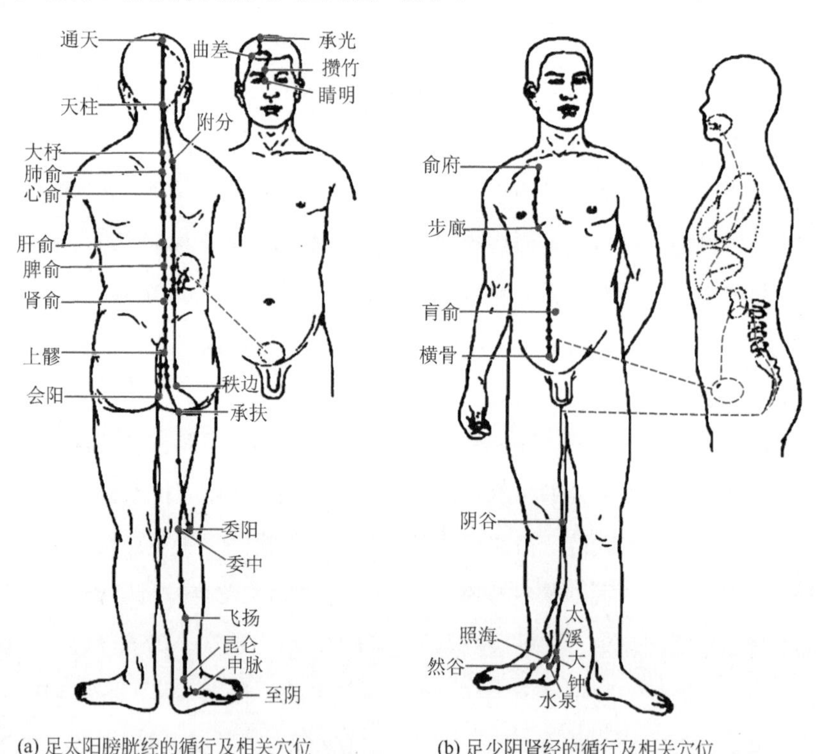

图7　足太阳膀胱经和足少阴肾经的循行及相关穴位

八、攒拳怒目增气力

本式动作要求马步的高低可根据自己的腿部力量灵活掌握。冲拳时头向上顶，上体立直，肩部松沉，肘关节微屈，前臂贴肋前松，同时，要怒目瞪眼，注视冲出之拳，脚趾抓地，拧腰顺肩，力达拳面；拳回收时，先五指伸直充分旋腕，再屈指用力抓握；其动作柔和缓慢，圆活连贯，松紧结合，动静相兼，神与形合，气寓其中。“攒拳怒目增气力”以中医学的藏象学说为指导，重在肝系，旨在通过“攒拳怒目”的动作，达到调摄肝系、平衡身心、增加力气的目的。本式属于强壮性功法，其中的“攒拳怒目”指的是操作，“增气力”是其功法效果。本式中的“怒目”可刺激肝经，使肝血充盈、肝气升发。“筋为肝所主”，肝在体合筋，指全身筋的活动都依赖于肝之阴血的濡养及肝气之升发。通过马步下蹲、攒拳前冲使全身之“筋”处于紧张状态，配以瞪眼怒目使“目系”也处于紧张状态；由于筋与目均为肝之外候，兴奋了的筋、目通过肝（胆）的经络反过来“刺激”肝（胆）系，使之保持正常状态。“攒拳”动作导引，左右冲拳，前后拉动手臂筋脉，也有助于改善肝藏血和调节血液流量的功能；同时，攒拳，两腿下蹲，十趾抓地，双手攒拳、旋腕，手指逐渐强力抓握等动作，可刺激十二经脉的腧穴和督脉（“阳脉之海”），从而调畅经脉气血，使全身肌肉、筋脉受到牵张拉动，达到全身筋肉壮实、气力增加的效果，并由此促进人体形神的统一、身心的健康。需要指出的是，本式的“攒拳怒目”中，“攒拳”是第一位的，“怒目”应以“拳”为目标；功法训练有素者，还可随“拳”之出入而配以相应的呼吸方法和调心方式。另外，本式与第二式也有一定的内在联系，在操作方面，“左右开弓”中包含“左右冲拳”的影子；在锻炼对象方面，都离不开肝，前者以调节肝肺气机之升降为主，后者以调节肝的疏泄功能为要，两者互补，健身强体。足厥阴肝经的循行及相关穴位如图8所示。

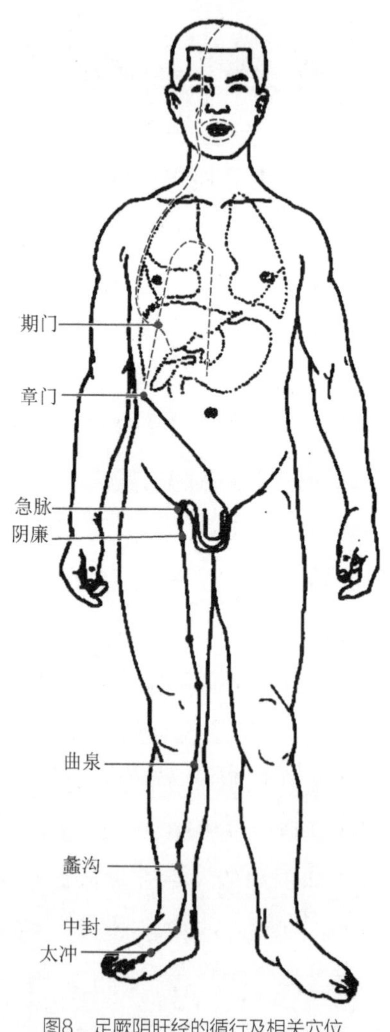

图8　足厥阴肝经的循行及相关穴位

九、背后七颠百病消

本式动作要点是上提时脚趾要抓地，脚跟尽力抬起，两腿并拢，提肛收腹，肩向下沉，百会上顶，略有停顿，要掌握好平衡。脚跟下落时，咬牙，轻振地面，动作不要过急。“背后七颠百病消”以中医学的七情致病说为指导，强调了“松”在疾病防治中的意义，同时暗喻精神紧张对人体健康的危害。本式功法通过“背后七颠”的锻炼，以达到调节脏腑气血功能、调松紧、平张弛和消除百病的功效。本式的放松调节性功法，具有调节整套功法张弛度的作用。足三阴、三阳经在足趾末端交会，相应的脏腑有脾、胃、肾、膀胱、肝、胆。脚趾抓地可以刺激经络，使气血畅通，调节相应脏腑的功能。人体在放松状态下，颠足而立可发展小腿后部肌群力量，拉长足底肌肉、韧带，提高人体的平衡能力。同时，五脏六腑在胸腹腔中也得到有规律地上下震动，使之气血得以充分的宣导，调节三焦疏通水道、运行水液的作用。如《黄帝内经·素问·经脉别论》说：“饮入于胃，游溢精气，上输于脾，脾气散精，上归于肺，通调水道，下输膀胱，水精四布，五经并行。”同时又可轻度刺激下肢及脊柱各关节内外结构，并使全身肌肉得到放松复位，有助于解除肌肉紧张；脊柱为督脉存在之所，故可对督脉起到一定的刺激作用。督脉具有统率、督促全身阳脉经气的作用，能调整人体的阴阳平衡，故有“总督诸阳”和“阳脉之海”的说法。由此可知，该动作可通过改善人体各脏腑的气血运行、促进脏腑的生理功能、调节人体的阴阳平衡，从而达到保健康复的目的。中医学重视情志对人体健康的影响，尤其注意到过度紧张会影响健康，引起或加重某些疾病，如高血压、溃疡病等；同时还认为，情志的忧郁不快与疾病之间还会互相影响，形成所谓“因郁致病，因病致郁”的恶性循环。历代气功家都强调放松的重要性，并总结出了相应的方法，如古人的委身法、弛缓法，今人的三线放松、分段放松、局部放松、整体放松、倒行放松等，其意均在于通过自身锻炼，达到形神放松、身心健康的目的。“背后七颠”与上述古今放松法，实际上同出一门，都是从形体的放松入手，促进情志的放松，最后达到身心松紧适度、形神张弛平衡的良好状态。同时，由于八段锦前七式的锻炼过程中，就全身形体总体而言，是紧张有余，松弛不足，尤其是上下肢基本上以紧张为主，因此，本式还对人体从运动量比较强的练功活动过渡到“收式”起到了“桥梁”作用。由此可见，在“背后七颠”时，除了必须充分放松全身、自然有序外，还应该放松情绪，以便获得最佳效果。足少阳胆经的循行及相关穴位如图9所示。

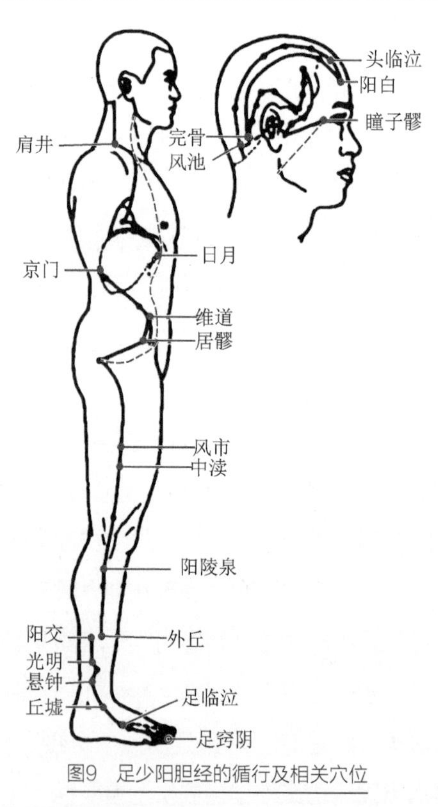

图9　足少阳胆经的循行及相关穴位

十、收式

本式动作在收功时要心平气和，举止稳重，体态安详，周身放松，呼吸自然，气沉丹田，收功后可适当做一些整理活动，如搓手浴面和肢体放松等。以形带意，以意领气，引导全身气机的开合运动，促进了机体形、气、神的协调统一。收式的“收”包含着两层意思：其一是收尾、收场的意思，练功将要结束了，通过最后的动作，使人体由运动状态转为非运动的自然状态。其二是收藏的意思。古人论曰：“放之则弥六合，退之则收藏于密。”即是说，练功时“气”要放得出去，又能收得回来，把它密藏在丹田，逐渐恢复到练功前安静的状态。气息归元，放松肢体肌肉，愉悦心情，进一步巩固练功效果，逐渐恢复到练功前安静时的状态。

健身气功八段锦中第一、八式以调节为主，平衡全身阴阳，同时作为练功的起收式动作；第二、三式以调和为主，平衡气机之升降，有中医“治未病”之意；第四、五式以调治为主，平衡标本、平衡阴阳，用于治疗或辅助治疗劳伤性疾病或心火偏旺的虚实夹杂性疾病，可谓治疗性功法；第六、七式以调摄为主，平衡任、督二脉及身心两系，为典型的强壮性功法，经常锻炼能起到“固肾腰”“增力气”的作用。中医学认为，健身气功之所以具有祛病强身、延年益寿的独特作用，主要在于人体三调的综合锻炼。习练健身气功既要有循经取动、循经作势、循经取穴等特定的形体运动，也要有深、长、匀、细的呼吸配合，更要有使大脑渐达专一的意念活动，使人体在三调合一的身心境界中不断优化生命运动。八段锦作为诸多健身气功功法之一，不仅遵循了健身气功三调合一的固有规律，而且具有自身的功法特点，通过锻炼能使人体大脑皮质不断有序化，皮质下中枢得到相应调整，人体的神经系统与内分泌系统渐处于平衡稳定状态。实践表明，人们长期参加健身气功八段锦锻炼可改善不良心理状态、疏通经络气血，具有保精、养气和存神的作用。精、气、神是人生命中的三宝，也是人体免疫功能的物质基础。由于以上多方面的综合作用，人体的神经、内分泌、免疫三大系统间相互作用、相互制约，逐渐优化整合机体的自稳状态，自然对提高人体身心健康水平具有积极效果。综上所述，健身气功八段锦是以中医学基础理论为指导，以调身、调息、调心为手段，以强身健体、防病治病、健身延年、开发潜能为目的的一种中国传统的保健、养生、祛病的身心锻炼方法。

第三章

科学的健身气功八段锦运动

健身气功八段锦作为科学的健身方法，运动前应该进行全面的健康筛查，准确地进行运动能力的测试与评价，然后制订合理的运动计划，并长期坚持练习。

第一节 ◈ 运动前的健康筛查

健身气功八段锦属于中等强度或以下的运动，从运动风险或者运动安全角度来看，适合绝大多数人群的练习，通常不需要进行严格的运动前健康筛查。但是，要使运动方案有效和安全地进行，运动前的健康筛查仍然是必不可少的一项内容，就如同看病时的问诊，只有明确了健康状况，医生或运动专家才能“对症下药”，给出适合特定身体条件的、个性化的运动处方。

运动时的健康筛查应由专业医生进行，检查内容主要包括病史询问、医学系统检查、形态测量、直立姿势检查和身体机能检查五个部分。病史询问包括既往史、家族史和月经史。既往史除了就医时需要询问的既往病症史外，作为运动前筛查的特色部分，还要询问详细的既往运动史，了解多年以来的运动习惯和运动方式；家族史是了解直系亲属中有无传染病或遗传性疾病；月经史主要针对女性健身者，了解月经期对身体和运动能力的影响。医学系统检查包括身体各系统详细的物理检查，胸部X线检查，血、尿常规检查以及心电图检查。形态测量包括体重、身高、胸围、腹围和四肢围度的测量等。直立姿势检查包括脊柱形状、胸廓形状、腿的形状和足弓检查等。身体机能检查的重点是对血压和肺活量的测量。如果除了

八段锦运动以外，还安排了大强度运动的锻炼计划，应在大强度运动前4～6周进行检查，以便有充足的时间对一些损伤、肌力不平衡或其他可纠正的疾病进行治疗和康复，并避免间隔时间太长后重新运动而产生的异常。长期坚持体育锻炼也应该定期进行检查，以便使医生或运动专家掌握锻炼后身体的各种反应，从而确定运动方案是否合适。如果运动方案不适宜，应及时调整。因故较长时间（2个月以上）中断锻炼后重新恢复锻炼时，应重新进行健康检查，以决定如何恢复运动。

由此可见，当把健身气功八段锦作为一种科学健身手段时，进行必要的运动前健康检查，不但可以科学地选择运动方案，而且能够关注和跟踪自我健康状况的改善情况。

尽管健身气功八段锦运动具有很好的安全性，但是在以下六种状况下是否适宜进行健身气功习练还存在争议，所以推荐不宜进行健身运动：①体温增高的急性疾病如上呼吸道感染发热的患者，应暂停体育锻炼，积极配合治疗，待疾病痊愈后，再进行习练。②各种心脏疾病的急性阶段如急性心肌梗死患者，不宜参加习练。③严重贫血患者不宜参加习练。运动时，全身器官组织氧气需要量增大数倍，但贫血者血红蛋白减少，血液运送氧气功能不足，致使全身各器官、组织缺氧，运动后疲劳恢复缓慢。④有出血倾向的疾病如肺结核屡次咯血者、伤后仍有出血危险者、消化道出血后不久者，都不可进行习练，以避免出血的发生或发展。⑤妊娠初期，受精卵与子宫内膜结合不牢固，因此，妊娠初期的女性不宜参加习练。⑥慢性疾病患者中，那些病情稳定，各系统和器官功能处于代偿阶段，能正常学习、工作和生活者，可以进行习练；而那些病情严重，主要系统和器官功能失常者，如慢性肾炎患者肾功能受损时，不宜进行习练。

第二节 ◈ 运动能力测试概述

运动能力测试是指对运动员或其他需要测试人群的运动素质的测试，一般包括有氧能力、力量、平衡能力、柔韧性和反应能力等测试。健身气功八段锦对练习的运动能力素质要求较低，但是仍然需要习练者具有一定的基础力量、心肺耐力和柔韧性。此外，目前已经证明健身气功八段锦可以有效改善练习者的下肢力量，以及柔韧性。因而，对练习者运动能力的测试，一方面可以给出明确的运动能力水平评估，另一方面能够关注和跟踪自我运动能力的提高情况。下面将对各项能力进行一般性概述，以了解各项能力的健康价值。

一、有氧能力的测试概述

有氧能力是反映人体长时间进行有氧工作的能力，与最大摄氧量密切相关，与心肺功能密切相关。在现代静坐少动的生活方式中，心血管疾病的发病率最高。据2014年世界卫生组织报道，导致过早死亡而使寿命缩减的三大原因中有两种属于心血管疾病——冠心病和脑卒中。有氧能力水平越高，表明心肺更健康，经常参加有氧运动，可以使人体整体健康水平明显提高。良好的有氧能力能有效地降低心血管疾病的发病风险，是健康的重要表现。有氧运动方式包括快走、慢跑、游泳、登山、有氧健身操等，也是世界范围内采用最多的运动形式。我国2007年进行的群众体育现状调查，以健步走和跑步作为主要锻炼项目的人数比例占参加体育锻炼人数的62.0%。

在进行各种运动之前，有氧能力的测试和评价是非常重要的，既可以保证运动的安全，同时还是制订有效运动处方的依据。有氧能力测试要求受试者逐步加大运动强度，同时测定摄氧量、心率、血压等指标，直到测出可能达到的最大摄氧量水平或刚刚出现异常症状时的摄氧量水平。测定方法有气体代谢法、功率推测法和亚极量运动心率推测法。

有氧能力测试应注意以下几个方面：

（1）测试应具备的条件　应该在具备测试条件的实验室进行，并按照标准流程进行测试，还应具备执行急救措施的条件。

（2）测试的绝对禁忌证　①急性心肌梗死（2天以内）；②不稳定型心绞痛，药物治疗后仍未达到稳定状态；③未控制的心律失常，且引发症状或血流动力学障碍；④未得到控制的心力衰竭；⑤三度房室传导阻滞；⑥急性非心源性疾病，如感染、肾功能衰竭、甲状腺功能亢进症；⑦运动系统功能障碍影响测试进行。

（3）测试的相对禁忌证　①左主干狭窄或类似情况；②中重度狭窄性瓣膜病；③电解质异常；④心动过速或过缓；⑤心房颤动且心室率未控制；⑥肥大型心肌病和其他形式的流出道阻滞；⑦未控制的高血压［收缩压＞160mmHg和（或）舒张压＞100mmHg］；⑧慢性传染病；⑨未得到控制的代谢性疾病。

（4）测试的终止指征　①达到目标心率；②出现典型心绞痛；③出现明显症状和体征，如呼吸困难、面色苍白、发绀、头晕、眼花、步态不稳、运动失调、缺血性跛行；④随运动而增加的下肢不适感或疼痛；⑤心电图出现ST段水平型或下斜型下降>0.15mV或损伤型ST段抬高≥0.2mV；⑥出现恶性或严重心律失常，如室性心动过速、心室颤动、室性期前收缩、室上性心动过速、频发多源性室性期前收缩、心房颤动等；⑦运动中收缩压不升或降低>10mmHg，或血压过高且收缩压>220mmHg；⑧运动引起室内传导阻滞；⑨患者要求结束运动。

（5）运动过程的监控　当持续增加功率或每分钟增加一定负荷量，直至患者症状受限制或检查人员不能保证继续运动安全的整个期间，都应持续监测。递增速度根据患者的预计值来进行确定。检查期间通常每隔2分钟进行一次血压测试，实时连续地检测运动过程的心电图，需要动脉采血的按照要求执行。技师和医生应协同观察患者的面部表情，检查患者的血压和心电图的异常变化及是否有心律失常，检查口件鼻部或面罩是否有漏气，观察患者运动过程中的窘迫征象，当患者提出必须停止时应及时终止试验。根据患者的具体指征来减低踏车功率，如果患者不能在无功率下运动则有必要摘除面罩上的传感器，使患者能够呼吸顺畅，进入恢复期。叮嘱患者在恢复期继续在佩戴面罩的情况下呼吸几分钟，让患者在无负荷下缓慢蹬车，以免因剧烈运动突然中止而出现血压骤降和轻微头痛的现象。在患者的心率和血压恢复到静息水平时停止测试程序。

（6）运动后的评估　在测试运动完成后，医生应立即以非诱导的方式询问患者什么症状迫使其终止运动。证实患者在实验室外这些症状是否会使患者再次出现运动性气紧或运动性胸痛或其他不适。在回顾数据时，如果数据显示该症状限制测试是因为患者用力不足而提前终止的，建议在恢复阶段的30～45分钟后重复测试，如果患者能力有限，则改天再进行测试。

二、肌肉力量的测试概述

肌肉力量是肌肉在紧张或收缩时所表现出来的一种能力，或者说是肌肉收缩克服或抵抗阻力来完成运动的能力。在现代生活方式中，肌肉力量不仅与运动能力密切相关，而且与人体的生长发育、平衡能力、骨健康、抗衰老能力等密切相关。尤其是肌肉和脂肪组织一样，与能量代谢相关疾病关系密切。

评价肌肉力量常采用一次重复最大力量（1RM）测试，即测试一次最大的阻抗力量，具体的方法有多种，如测量上肢肌肉群力量的负重屈肘、肩上举和平卧推举，测量下肢肌肉群力量的蹬腿运动等。要求被测者经过几周力量练习，并在技术和力量都有所提高的情况下再进行测试，以免受伤。使用的器材通常为杠铃或哑铃。测试前先做5～10分钟有关肌肉群的准备活动，然后选择负重屈肘、平卧推举、蹬腿运动等方法中能够轻松完成的重量进行练习，并逐渐增加重量直到只能举起一次。真正的1RM测试是测一次能够举起的最大重量。虽然这种测试肌肉力量的方法能被广泛接受，但慢性病人群不适宜用此测试方法，以免导致损伤或引发心血管意外。

肌肉力量的测试还可以通过相关测力仪器对握力、背力、伸膝力、屈肘力等进行测量。作为肌肉力量的评价指标，最为常用和方便的指标是握力。对于体质较弱的慢性病患者，肌肉力量除了使用测量仪器进行测量的方式外，还可以通过计算单位时间内完成某项动作的次数来进行肌肉力量的评估，如30秒坐起测试、30秒屈臂上举测试等方法。

肌肉耐力可以通过俯卧撑和1分钟仰卧起坐进行测量。俯卧撑是测试人体上肢力量的指标，也是力量训练中增强上肢力量经常采用的练习方法，通常用于男性人群的肌肉耐力测试。1分钟仰卧起坐是反映人体腰腹部肌肉力量及持续工作能力的指标，也是力量训练中最常采用的增强腹肌力量的练习方法，通常用于女性人群的肌肉耐力测试。

三、平衡、柔韧、反应能力的测试概述

常用来测量平衡能力的方法是闭眼单腿站立。闭眼单腿站立主要检查人体的平衡能力，也可评价位置感觉、视觉和本体感觉间的协调能力。常用的柔韧性的测量方法是坐位体前屈，这一项目直接测试人体躯干、腰、髋等部位关节、肌肉和韧带的柔韧程度，以此来反映人体的柔韧性。常用的反应能力指标为反应时，主要反映的是神经与肌肉系统的协调能力和快速反应能力，测量方法常用简单反应时的测量和选择反应时的测量。测量简单反应时可选用光反应时测量仪，测量选择反应时需使用反应时测试仪。

以上各项运动能力测试的评价方法和标准建议参考国家体育总局编撰的《全民健身指南》，本书就不再赘述。

第三节 如何制订成年人群的健身气功八段锦运动计划

健身气功八段锦作为优秀的传统体育项目，非常值得健康成年人群进行学习和练习。可以通过健身气功八段锦的习练体会健身气功所提倡的精

神修养和身体锻炼的统一。成年人群既可以把健身气功八段锦练习作为主要的健身运动，也可以将其作为其他体育锻炼的补充。

健身气功八段锦的运动计划可以参照运动处方的原则进行设计和实施。因为健身气功八段锦属于中等强度的有氧运动，同时对肌肉的耐力和关节的活动度都有很好的训练。所以通常推荐每周至少练习3次，每次练习的时间不应低于30分钟。

健身气功八段锦的练习既适合以小组形式统一练习，也适合个人或者家庭练习。小组形式的练习有助于互相鼓励，互相促进，共同实现长期有效的运动计划实施，但是需要组织者，还需要场地，为了能够集体习练往往需要固定时间。因而这种方式比较适合以工作场所为单位进行，比如单位的同事之间可以形成练习小组。另外也推荐个人进行规律性的练习。个人练习时间比较灵活，基本不受场地限制。个人练习如果能够以家庭为单位，不但能够起到锻炼身体的目的，还有助于家庭形成良好的健身氛围，从而提高生活质量。

接下来我们就开始制订健身气功八段锦的运动计划：

首先，我们要明确进行健身气功八段锦运动的目标。关于健身气功八段锦运动的益处，这一点我们在第二章“健身气功八段锦与健康”中已经进行了循证医学证据的论述。所以一定要了解健身气功八段锦的健康效应，从自身的需要和理念出发，开始健身气功八段锦的练习，而不是一时心血来潮来参与一下。因为体育锻炼的意义就在于长期坚持，而长期坚持需要下定决心并付出一定的努力。例如，练习健身气功八段锦的目的可以是对传统体育的爱好，也可以是追求健身气功所提倡的精神修养和身体锻炼的统一，还可以是通过规律的锻炼来保持健康。

其次，当我们力求通过运动计划实现自己的运动目标时，一定要对自我的健康状态进行评估，同时还要对自我的运动能力进行测量和评估。这两点在本章的第一节和第二节进行了阐述。做这些准备和评估并不是为了评估是否能进行健身气功八段锦运动，而是要让我们了解自己的健康状况和运动能力，从而清楚地知道制订的运动目标是否合适，以及长期坚持运动计划后所产生的健康效益变化在何处。

接下来，我们将按照运动处方的原则来推荐运动计划。总的原则是长期规律地参加健身气功八段锦运动，同时注意运动能力的全面发展，结合自身情况适当参加多种多样的体育运动。依据《2018美国人身体活动指南》的建议，每周进行至少累计为150分钟中等强度的有氧运动，每次有氧运动时间应该不少于10分钟，每周应该至少有2天进行所有主要肌群参与的抗阻力练习。

如果是初学者，建议尽可能寻求熟练练习健身气功八段锦的人进行功法指导和纠正。请一定不要认为，有了运动目标和运动计划就大功告成了。所有的体育运动最困难但最有价值的地方就是我们反复说的长期坚持。所以，在运动计划里一定要有监督和帮助自己坚持锻炼的方法。比如，可以参加小组练习，通过朋友间的互相鼓励和督促养成长期练习的习惯；或者聘请专业教练或朋友，帮助我们管理自己的运动计划；也可以选择把练习健身气功八段锦和某项我们每日必须做的事情进行绑定。总之，有决心还要有相应的监控办法是实现运动计划的重要保障。

最后，所有长期规律地进行健身气功八段锦运动的人都会在自我身心收益的同时，共同实现传统体育的传承。对这一点最好的证明需要阶段性地对自我身体健康状况和运动能力进行评估，通过与前期评估结果的对比，来了解自我健康收益情况。因此，在运动计划起初进行身体健康状况和运动能力的评估是有必要的。

第四节 ◈ 如何制订 老年人群的健身气功八段锦运动计划

健身气功八段锦作为优秀的传统体育项目，由于贯穿了中医养生理念和中国传统的哲学理念，并且动作柔和缓慢、圆活连贯，讲究松紧结合、动静相兼、神与形合、气寓其中，已经受到了广大老年人群的欢迎。

从运动处方的原则来说，健身气功八段锦非常适合老年人群作为身体锻炼的运动项目。健身气功八段锦属于中等强度的运动，兼顾肌肉力量和关节灵活度，尤其是对老年人群下肢力量有很好的促进作用，对防止意外跌倒有积极作用。健身气功八段锦的练习时间比较灵活，老年人群可以根据生活习惯和身体活动情况进行合理安排。老年人以健身气功八段锦作为运动方式进行运动计划制订，其身体活动很容易达到指南所要求的活动量。

成年人群健身气功运动的组织形式同样适合老年人群。其中，小组形式的练习经常见于公园、社区和广场等场所。一方面由于老年人群有更多的自主活动时间，另一方面由于离开工作岗位后对社会集体的融入感也驱使老年人群在条件允许的情况下进行小组练习。我们同样也推荐老年人进行个人或者以家庭为单位的练习。

老年人群健身气功八段锦的运动计划制订过程如下：

首先，要制订运动目标。由于身体机能的下降及社会环境的变化，老年人群选择健身气功八段锦的运动目标更多关注其对具体的身体健康状况或者身体活动能力的作用。例如，老年人群需要预防意外跌倒，需要维持肌肉力量和身体姿势，保持一定的运动能力，预防血糖、血脂升高等。所以，老年人选择健身气功八段锦作为锻炼方式，应该充分了解健身气功八段锦的健康效果（见第二章）。

其次，老年人制订健身气功八段锦运动计划，应该更多关注其对身心健康的促进作用。因而在健康评价中应该增加对于饮食习惯、睡眠习惯和心理状况的评价。在运动能力评估中，应该选择中低强度或负荷的测试方案，侧重于评估老年人的身体活动能力和身体姿势。

目前对于老年人群的运动健身建议通常依据以下原则：刚步入老年阶段的人群，在身体状态允许的条件下，建议仍然按照成年阶段的标准，进行中等强度或较大强度的有氧运动。随着年龄的增长，建议根据身体状态逐渐降低运动强度；肌肉力量训练的强度，也要从成年阶段的标准逐渐降低负荷。此外，要根据身体状态选择平衡能力、步态以及身体活动能力的训练。根据以上原则可以发现，健身气功八段锦在很大程度上契合了老年人群的健身要求。在运动频率和时间方面，推荐老年人群练习健身气功八段锦每周不少于3天，每周累计运动的时间能够达到150分钟，单次练习时间不低于10分钟。

老年人长期规律地参加健身气功八段锦练习，需要良好的家庭支持和社会支持。在社会环境支持不够完善的情况下，需要家庭能够积极主动地为老年人提供练习健身气功八段锦的帮助。可以通过家庭成年成员学习和练习健身气功八段锦来带动和指导老年成员，或者组织老年人参加专业的培训班。总之，维持长期规律的运动才是制订健身气功八段锦运动计划的意义所在。定期对老年人的身体健康状态和运动能力进行评估才能更好地评估健身气功八段锦运动的健康收益情况。

第四章

循序渐进学习健身气功八段锦

本章是针对健身气功八段锦的技术教学。健身气功八段锦共八式动作，加上预备式、收式共10个动作，制订了6节课的学习计划。每节课50分钟，计划学习2个动作。每节课要对前面学习的动作进行复习和提高，最后一节课对所学的10个动作进行整体复习提高，注意动作规格、路线、节分点准确到位。

健身气功八段锦，是一套以肢体运动为主要特点的导引术。它通过肢体运动强壮筋骨、疏通经络、调和气血、改善机体与脏腑功能，从而达到强身祛病的目的。其运动量和动作的编排次序符合运动学和生理学规律，属于有氧运动，安全可靠。整套功法增加预备式和收式，使套路更加完整规范。功法习练要领主要有以下几个方面。

1. 动作准确，灵学活练

动作准确，主要是指学习动作及练功时动作的路线、方向、角度、姿势、虚实等做到标准正确。初学阶段，注重身形的要求和锻炼，通常是从站桩入手。健身气功八段锦功法中的桩，包括无极桩、抱球桩、扶按桩三种。站桩时注重基本身形的调整，头正颈直，百会虚领，沉肩坠肘，舒胸实腹，松腰沉髋，膝间不超过脚尖，两脚踏实；站的时间和高低则可以因人而异，灵活多变。进入动作阶段，则要从找“点”做起；将“点”慢慢练成“线”，由“线”变成“面”，最后练成饱满空间立体感强的动作。在练型阶段，要认真体会身体各部位的变化、感受，克服不习惯、不适应等不良反应，做到功法动作标准正确。

灵学活练，即为“从心所欲而不逾矩”。指练习时要根据人群、年龄、性别、体质、素质、需求、目的等不同的条件，以及不同的练功层次、阶段，对动作幅度、劲力的大小，姿势的高低，练习量与强度，呼吸的频率与深度，意念运用的火候与时机等要灵活多变，方便善巧，切不可拘泥于一种形式。

2. 练养兼修，德才兼备

练养兼修，是指通过健身气功八段锦锻炼，对身体、呼吸与心理三者有机结合的修练过程，从而达到身体柔软坚韧、轻松舒适，呼吸柔和缓慢、细匀深长，意念如清溪淡流、绵绵若存的协调统一状态，实现休养、调理、培补元气的作用。

德才兼备，以德为先。对于练功者而言，在日常生活中就要从“非礼勿视，非礼勿听，非礼勿言，非礼勿动”“己所不欲，勿施于人”做起。《论语·雍也》有言：“知者乐水，仁者乐山。知者动，仁者静；知者乐，仁者寿。”其因在于“仁者无忧”且心静。

“练中有养”“养中有练”，练与养是相互并存、相互转换、相互滋养的。把握好练功的“火候”、强度，不刻意追求，以舒适为度，做到“饮食有节，起居有常”，保持积极向上的乐观情绪，有助于提高练功效果，增进身心健康。

3. 循序渐进，持之以恒

循序渐进，是指练功的过程中应遵从、依照事物和身体的自然发展规律，循序而行，逐渐进步。它体现在掌握动作、习练功法、提高技艺、改善体质等各方面。在整个练习过程中，动作由简到繁，知识由浅入深，姿势由高到低，练习时间由短到长，切勿急功近利、急于求成。例如，刚开始掌握动作时会出现动作僵硬、身体紧张、手脚配合不协调、顾此失彼等现象，但是经过一段时间的刻意练习，慢慢会过渡到控制肢体能力增强，掌握动作快捷、准确，动作连贯与控制能力增强，更能把握动作细节及身体的体会。

循序渐进离不开练功者持之以恒的实践与练习。良好的练功效果是在科学练功方法的指导下，随着时间和习练数量的积累而逐步达到的。因此，习练者需持之以恒，切勿“三天打鱼，两天晒网”。

健身气功八段锦的习练要领与其他功法基本上是相同的。掌握练功要领的目的是更好地完成动作，提高动作质量，增强练功效果，减少不适反应，避免出现偏差。

第一节 ◈ 预备式和两手托天理三焦

一、基本手型

1. 自然掌

五指自然伸直、见缝，掌心微含（图10）。

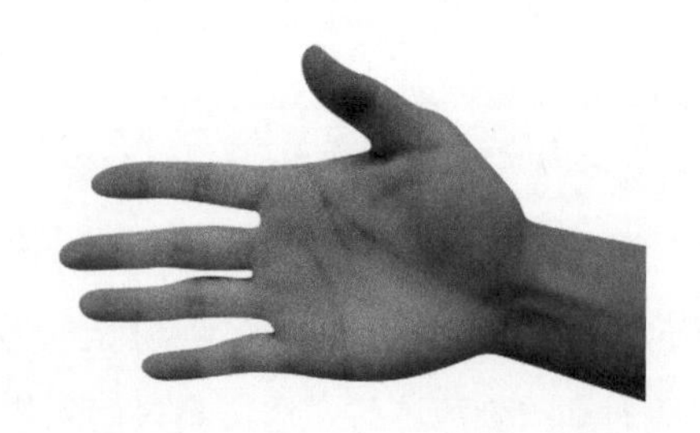

图10

2. 八字掌

图11

大拇指与食指竖直分开成八字状，其余三指的第一、二指节卷曲，指间见缝，大、小鱼际略内收，掌心微含（图11）。

3. 爪

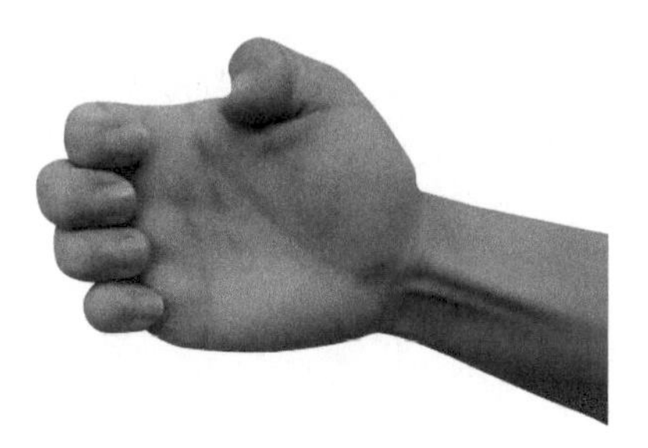
图12

五指并拢，大拇指第一指节及其余四指第一、二指节扣紧，掌面平展（图12）。

4. 握固

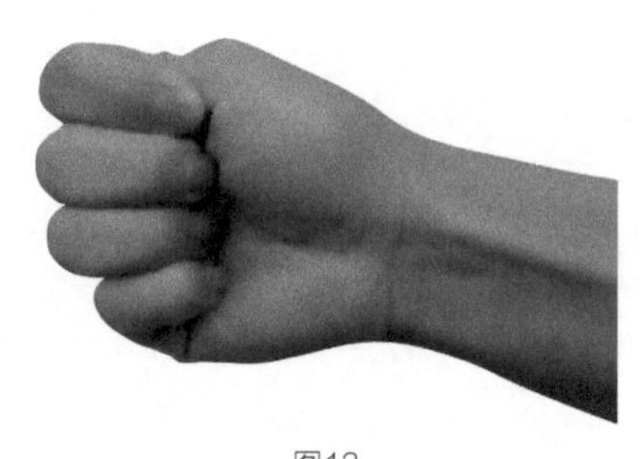
图13

大拇指抵掐无名指根节内侧，其余四指卷曲收拢（图13）。

二、步型

1. 开步

两脚尖朝前，横向开步站立，两脚内侧与肩同宽，头正颈直，目视前方（图14）。

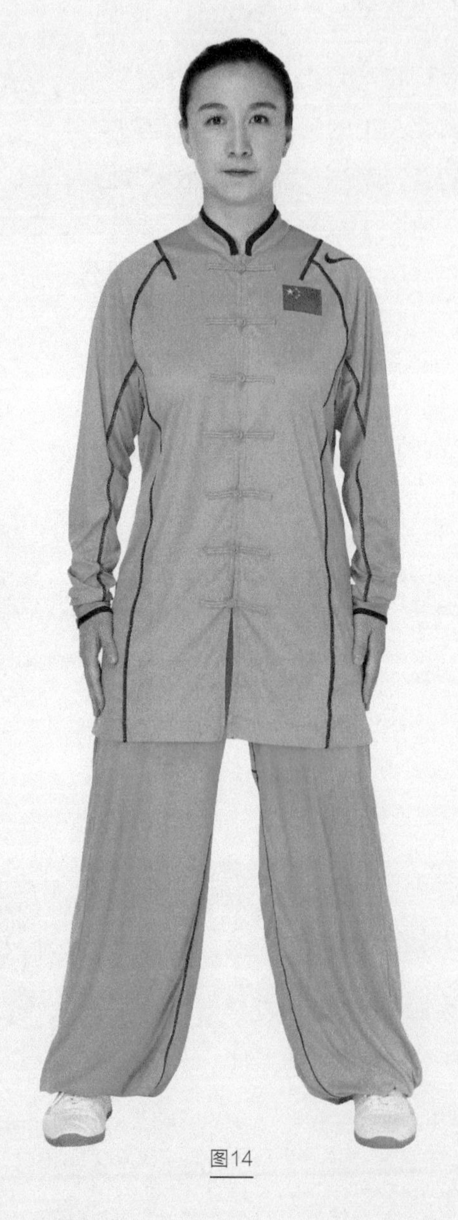

图14

2. 马步

开步站立，间距约为本人脚长的三倍，脚尖朝前，屈膝半蹲，膝关节不超越脚尖，大腿略高于水平，上体保持中正（图 15）。

图15

三、预备式

1. 动作路线

动作一：两脚并步站立，头正颈直，百会虚领，面带微笑；两臂自然垂于体侧，中指虚贴裤线；虚腋，舒胸，松腹；目视前方（图16）。

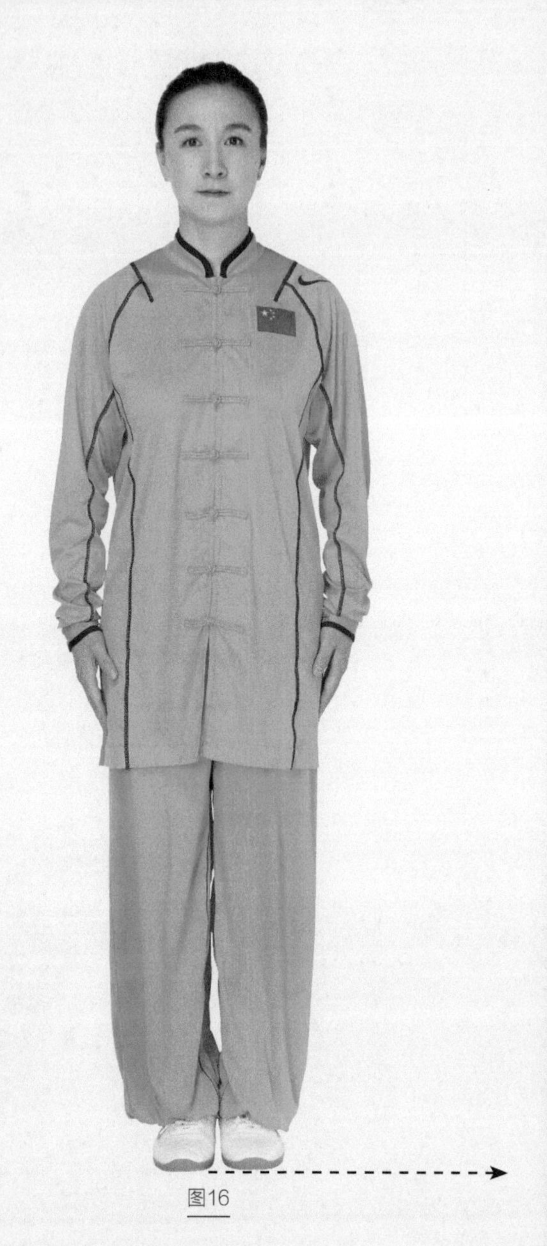

图16

动作二：随着松腰沉髋，身体重心移至右腿；右膝微屈，左脚向左侧平开半步，脚尖朝前，重心移至两腿；两脚内侧约与肩同宽；目视前方（图17）。

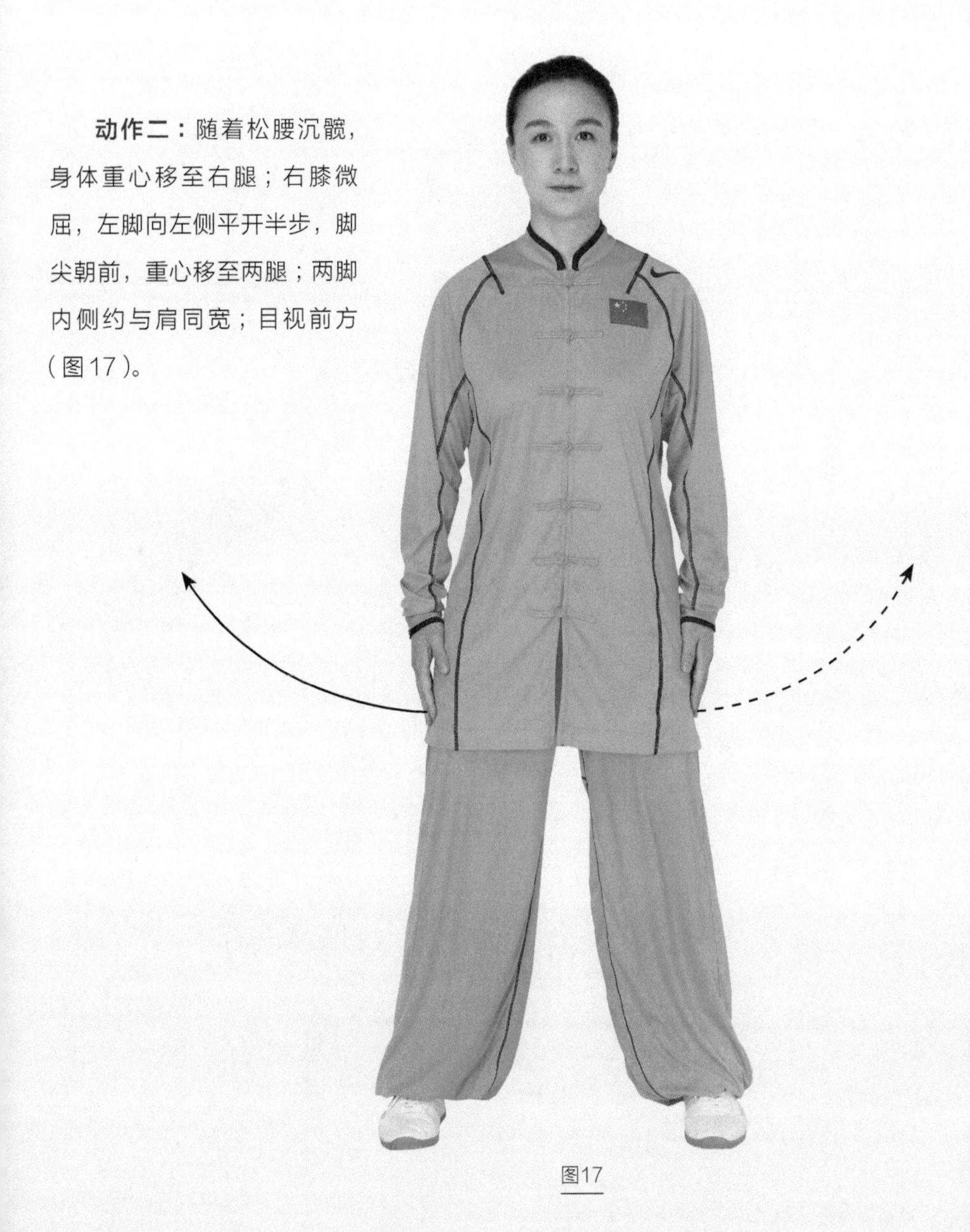

图17

动作三：两臂内旋，侧起，掌心向后，臂与身体约45°；目视前方（图18）。

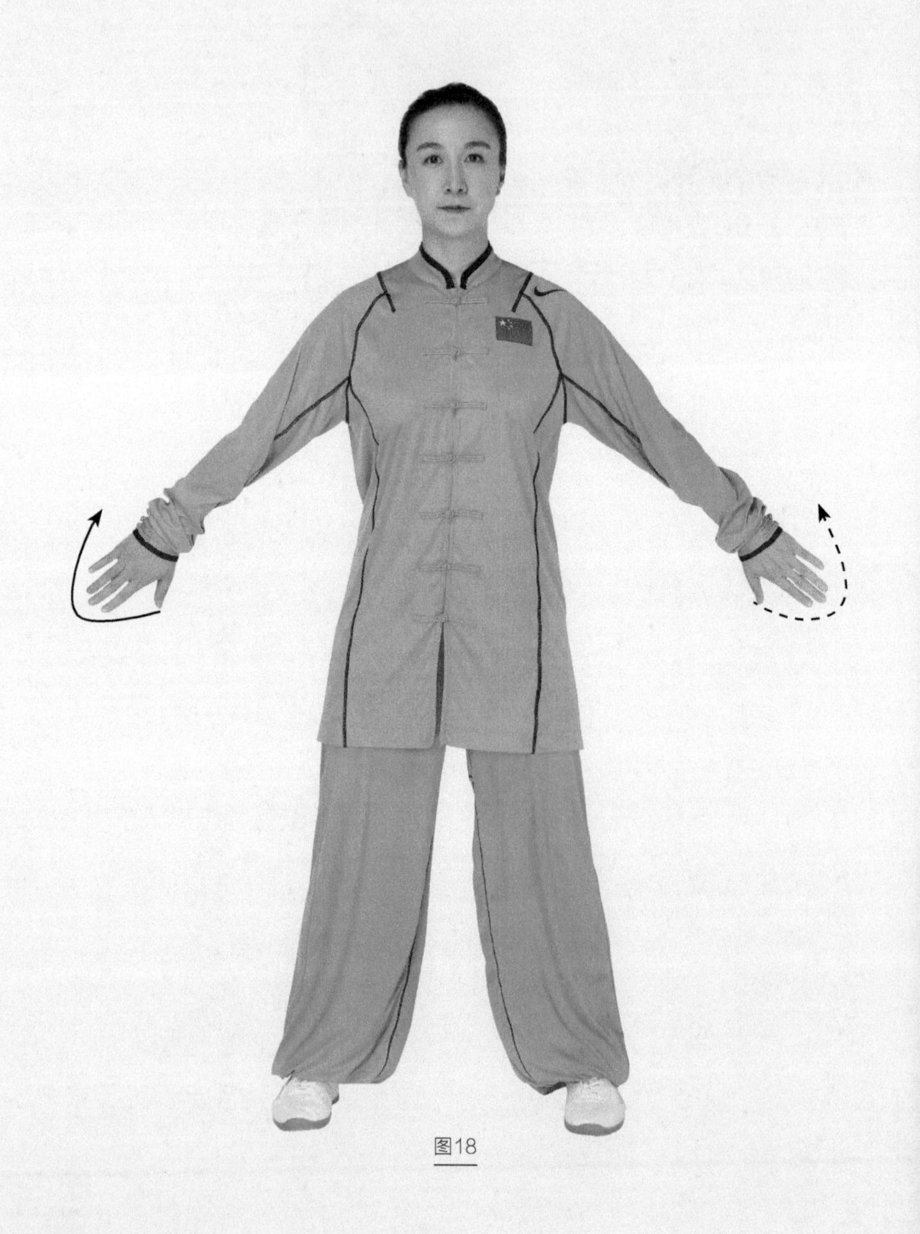

图18

动作四：上动不停（指上一个动作不停顿，紧接着做的意思），松腰，沉髋，屈膝；同时两臂外旋，向前合抱于腹前，两掌心向内，与脐同高，两掌指尖相对，距离约10厘米；目视前方（图19、图20）。

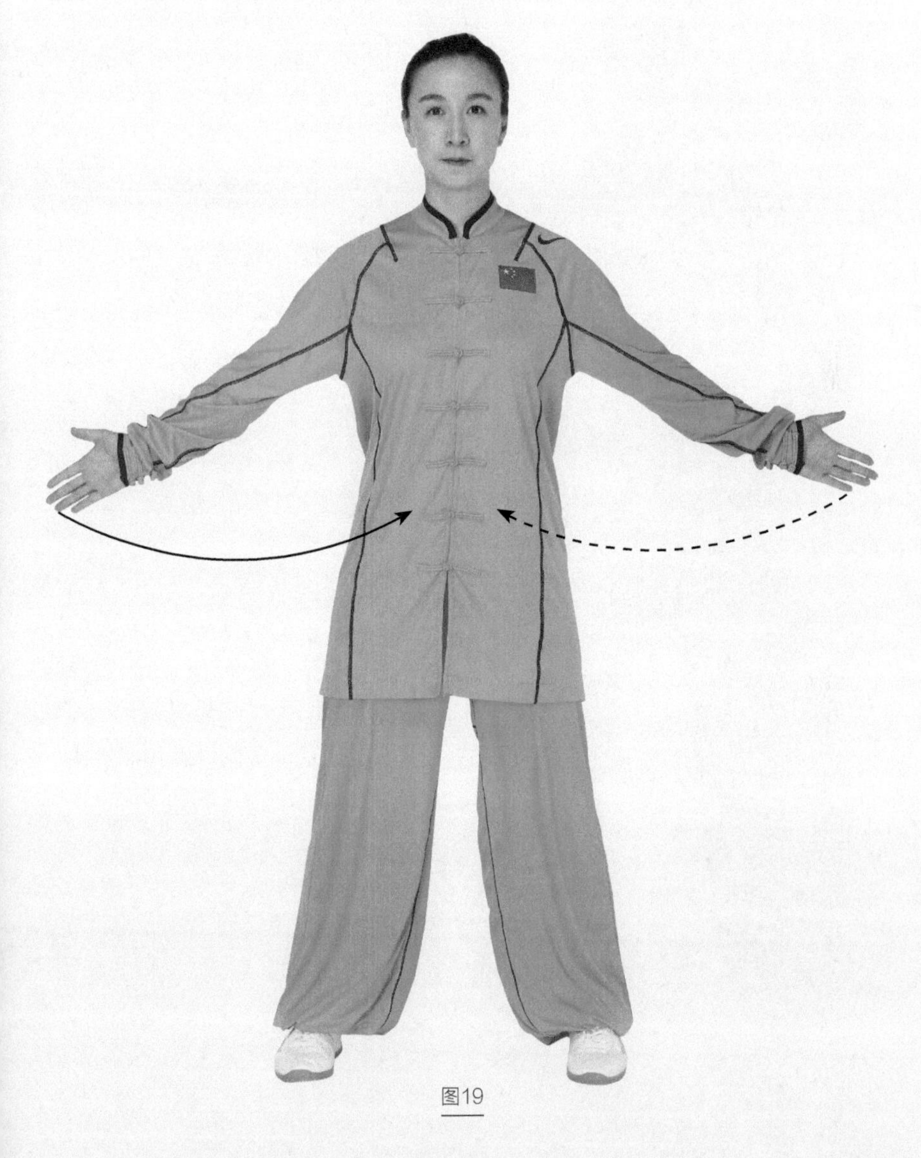

图19

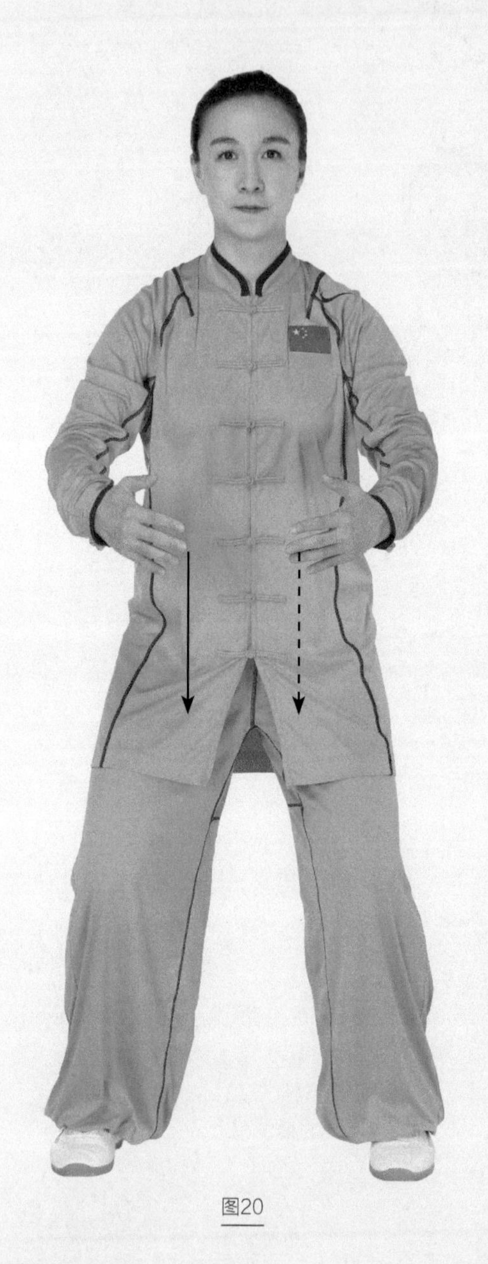

图20

2. 动作要点

① 保持后顶上领，立身中正，收髋敛臀打开命门。

② 抱球时腋下旋开，两臂掤圆，背向后倚，开启云门穴。其余参考无极桩和抱球桩。

3. 作用

端正身形，内安五脏，调和呼吸，宁静心神，从肢体与精神上做好练功的准备。

四、第一式——两手托天理三焦

1. 动作路线

动作一： 接上式，两臂外旋下落于腹前，掌心朝上，两手指尖距离约10厘米，小指侧与腹部距离约10厘米；目视前方（图21）。

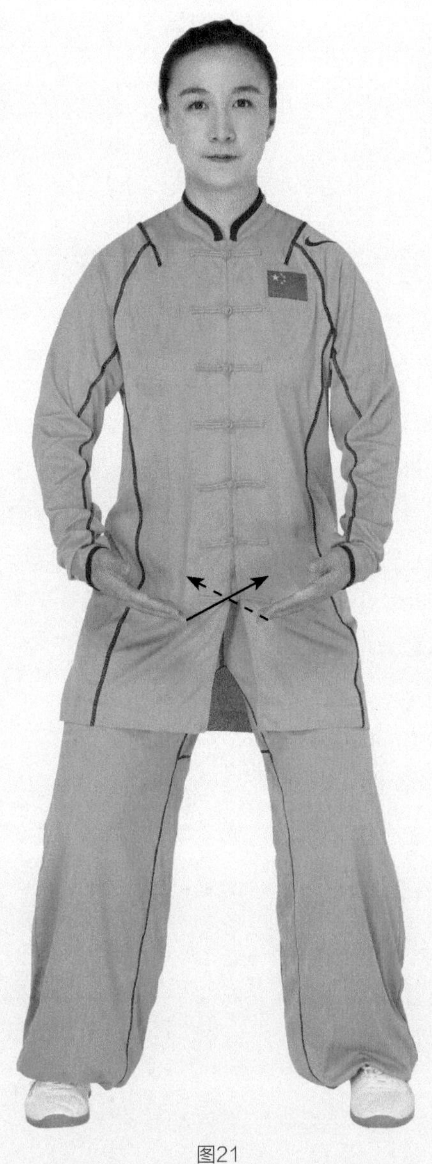

图21

动作二：接上动，两掌十指分开在腹前交叉；目视前方（图22）。

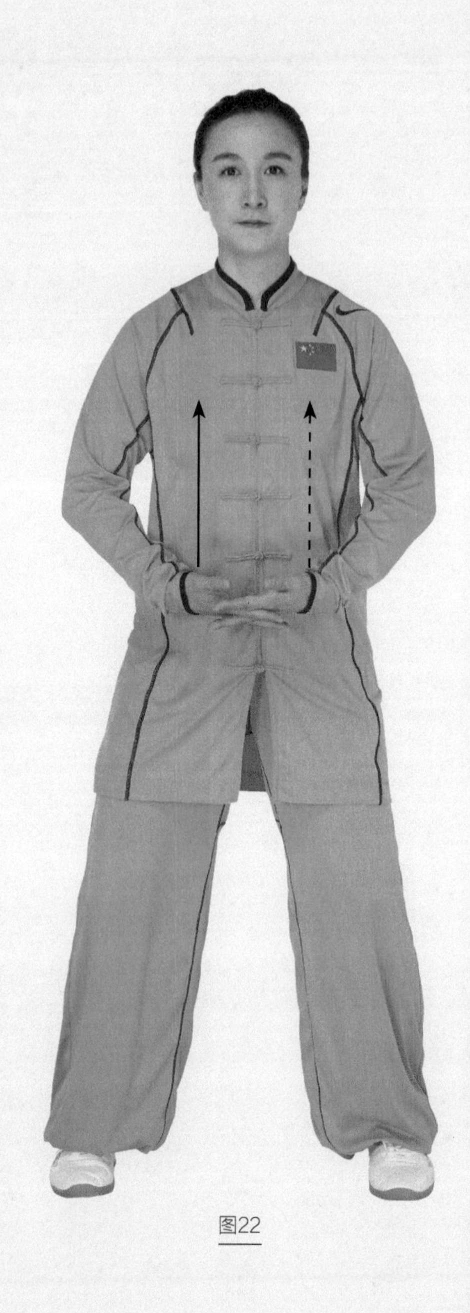

图22

动作三：两膝徐缓伸直；两臂缓慢上托至胸前，前臂持平，肩部放松；目视前方（图23）。

图23

动作四：上动不停，两臂继续上托，随之两臂内旋，逐渐翻掌心向上，两掌向上托起，肘关节微屈；抬头，目视两掌（图24）。

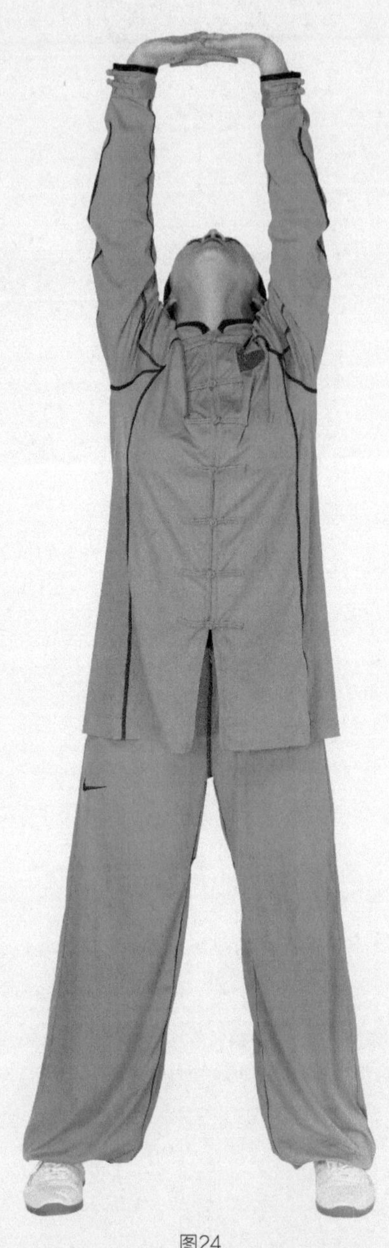

图24

动作五：上动不停，两掌继续上托，肘关节伸直；同时下颏内收，动作略停，保持抻拉；目视前方（图25）。

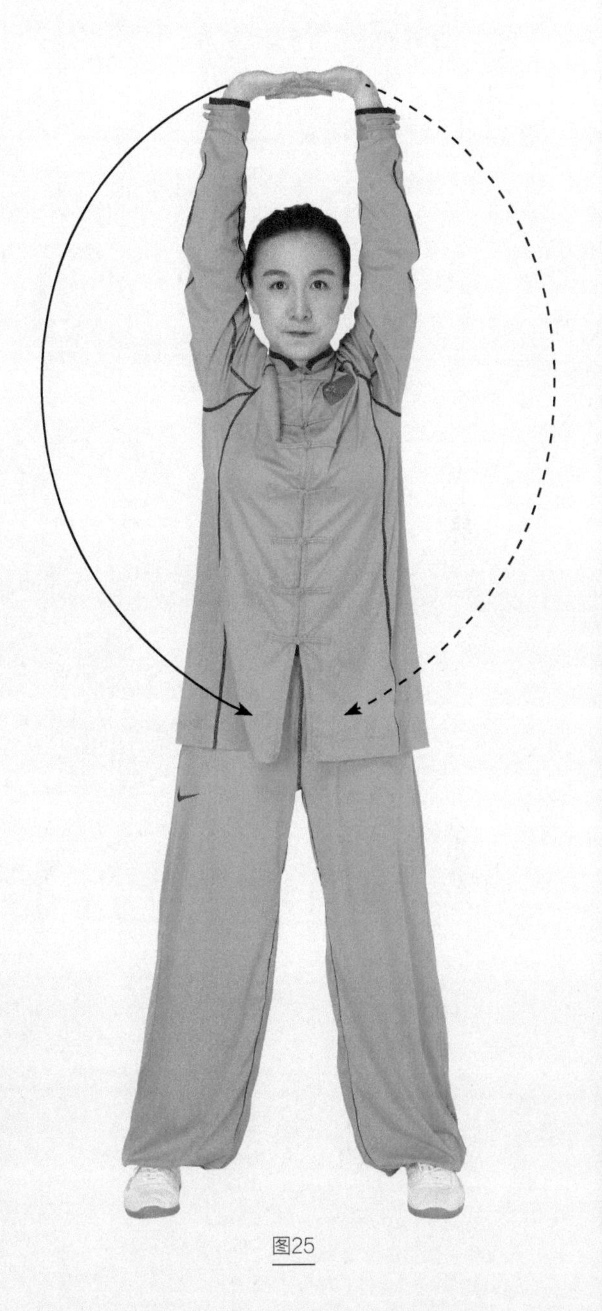

图25

动作六：随着松肩、松胸、松腰、沉髋、屈膝下蹲，身体重心垂直缓慢下降；同时，十指慢慢分开，两臂分别从身体两侧下落，两掌捧于腹前，掌心向上，两手指尖相距约10厘米，小指侧与腹部距离约10厘米；目视前方（图26）。

本式上举、下落为一遍，共做六遍。

图26

2. 动作要点

① 两掌上托时，舒胸展体，从手到脚，上下对拔拉长，节节抻开。

② 两掌下落时，松腰沉髋，沉肩坠肘，松腕舒指，上体中正。

3. 作用

本式通过四肢、躯干的伸展抻拉，并配合调息，有利于元气、水液在全身的布散与气机的升降。可调理三焦，畅通任、督二脉和手三阴、三阳经及脊柱相应节段；同时，可扩张胸廓，使腹腔、盆腔脏器受到牵拉、按摩，促进气血运行，提高脏腑机能，并对防治肩部疾患、预防颈椎病具有良好作用。

第二节 左右开弓似射雕，调理脾胃须单举

复习提高健身气功八段锦预备式和两手托天理三焦两个动作；学习并初步掌握健身气功八段锦第二式（左右开弓似射雕）和第三式（调理脾胃须单举）两式动作。

一、第二式——左右开弓似射雕

1. 动作路线

动作一：接上式，随着松腰沉髋，身体重心右移，右膝稍屈，左脚向左开步站立，两脚间距约三脚宽；重心缓慢至两腿之间，两腿膝关节自然伸直；同时两掌根向上交搭于胸前，与膻中穴同高，左掌在外，两掌心向内；目视前方（图27）。

图27

动作二：上动不停，两腿徐缓屈膝成马步；左掌由自然掌变成八字掌，食指尖向上，右掌屈指成“爪”；左臂内旋，两掌略回收后，左掌坐腕向左侧推出，食指尖向上，腕与肩平，掌心斜向前；同时右掌向右拉至肩前，掌心向内，大小臂折叠，犹如拉弓射箭之势，保持抻拉；目视左掌方向（图28）。

图28

动作三：身体重心右移，同时两掌五指伸开成自然掌；右手大臂不动，小臂向上、向右画弧，摆至腕与肩同高，指尖朝上，掌心斜向前；目视右掌（图29）。

图29

动作四：上动不停，重心继续右移，左脚回收成并步站立；同时，两掌分别由两侧下落，捧于腹前，掌心向上，指尖相对，距离约10厘米；目视前方（图30）。

图30

右式动作同左式动作，唯左右相反（图31 ~图34）。

图31

图32

图33

本式一左一右为一遍，共做三遍。

图34

第三遍最后一动（即最后一个动作）时，身体重心继续左移，右脚回收成开立步站立，与肩同宽，膝关节稍屈；同时，两掌分别由两侧下落，屈肘，捧于腹前，掌心向上，指尖相对，距离约10厘米；目视前方（图35）。

图35

2. 动作要点

① 本式采用的是拳式呼吸，以气催力，即开弓时呼气，弓拉满准备放箭时闭气。

② 开弓时，展肩扩胸，劲由脊发，立身中正，转头要充分，注意手型、步型。

3. 作用

展肩扩胸，左右开弓，有利于气血运行，提高心肺功能，并使肝气得以升发与疏泄。可刺激督脉和背部腧穴，同时刺激手三阴、三阳经，调节手太阴肺经之气。可有效地发展下肢肌肉力量，提高平衡协调能力，增强前臂和手部肌肉力量，并有利于矫正不良姿势，防治肩、颈等疾病。

二、第三式——调理脾胃须单举

1. 动作路线

动作一：接上式，身体重心稍升起；同时左臂内旋上举，左掌与胸同高，掌指斜向上；右臂内旋，右掌心对腹部，指尖斜向下；目视前方（图36）。

图36

动作二：上动不停，左臂继续内旋上举，左掌翻转至额头左前方，掌指斜向上，掌心斜向下，如敬礼状；右掌继续内旋下按，至髋斜前，掌心斜向下；目视前方（图37）。

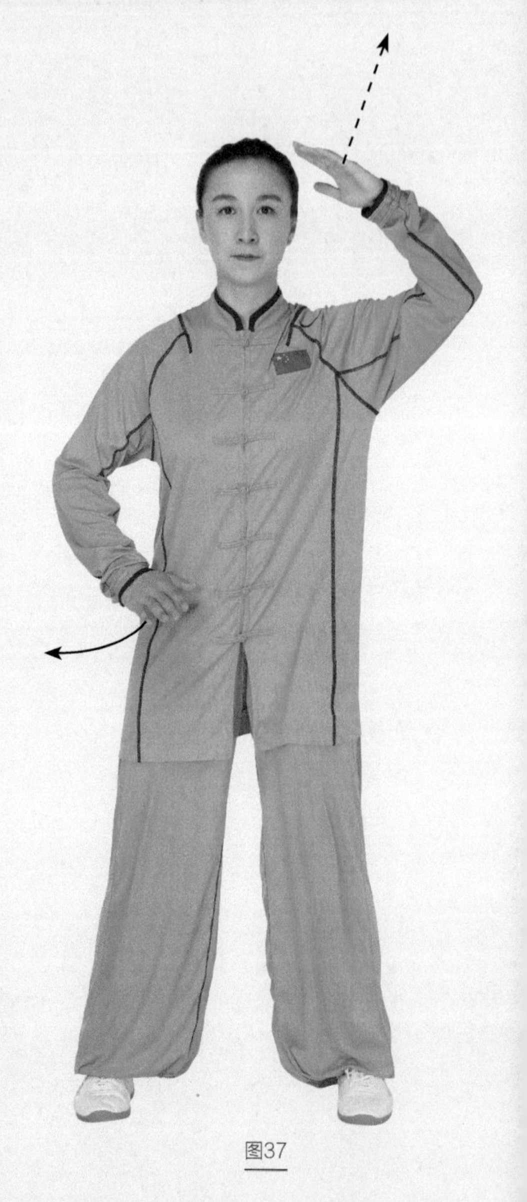

图37

动作三：上动不停，左臂继续内旋上举，左掌翻转上托至头左上方，肘关节微屈，力达掌根，掌心向上，指尖向右，中指尖与肩井穴在同一垂直线上；同时，右臂内旋，右掌下按至右髋旁约10厘米处，肘关节微屈，力达掌根，掌心向下，掌指向前，动作略停，保持抻拉；目视前方（图38）。

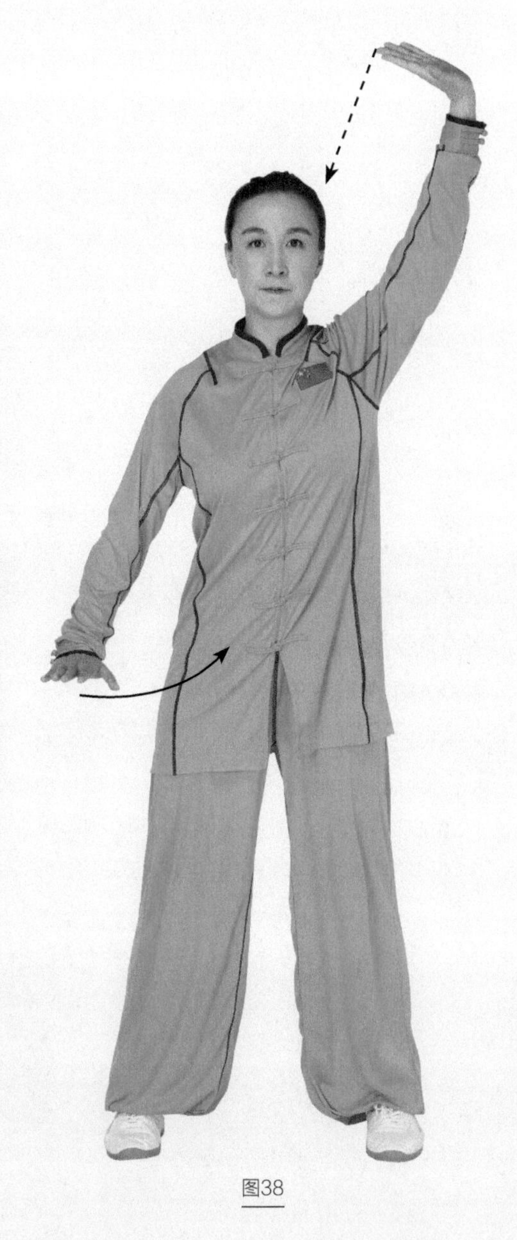

图38

动作四：随着松腰沉髋，两腿膝关节微屈，身体重心缓缓下降；同时，左臂外旋屈肘下落至额头左前方，掌指斜向上，掌心斜向下；右臂外旋，回收至髋斜前，掌心斜向下；目视前方（图39）。

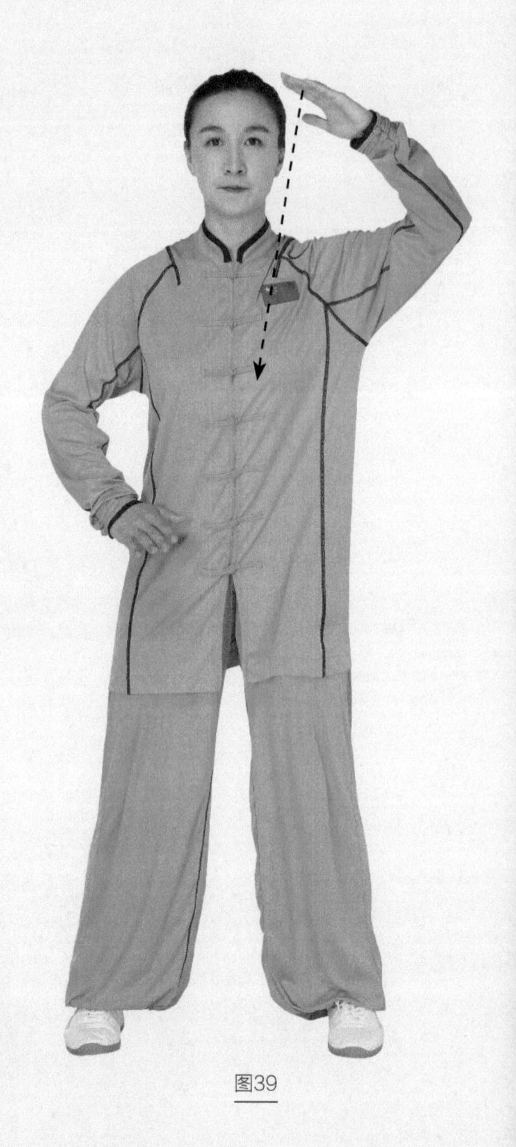

图39

动作五：上动不停，随着松腰沉髋，两腿膝关节微屈，身体重心继续下降；同时，左臂继续外旋至左掌心向内与胸同高，掌指斜向上；右臂继续外旋至右掌心向内收至腹前，指尖斜向下；目视前方（图40）。

图40

动作六：上动不停，身体重心继续下降，两腿膝关节稍屈；同时，两掌翻转下落，捧于腹前，两掌指尖相对，距离约10厘米（图41）。

图41

右式动作同左式动作，唯左右相反（图42～图47）。

图42

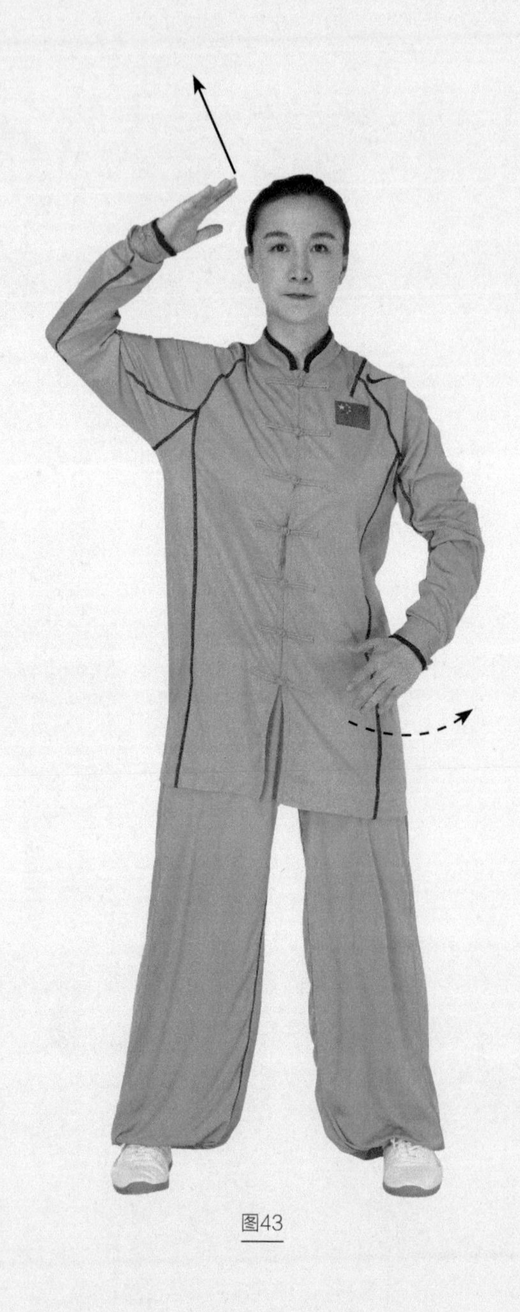

图43

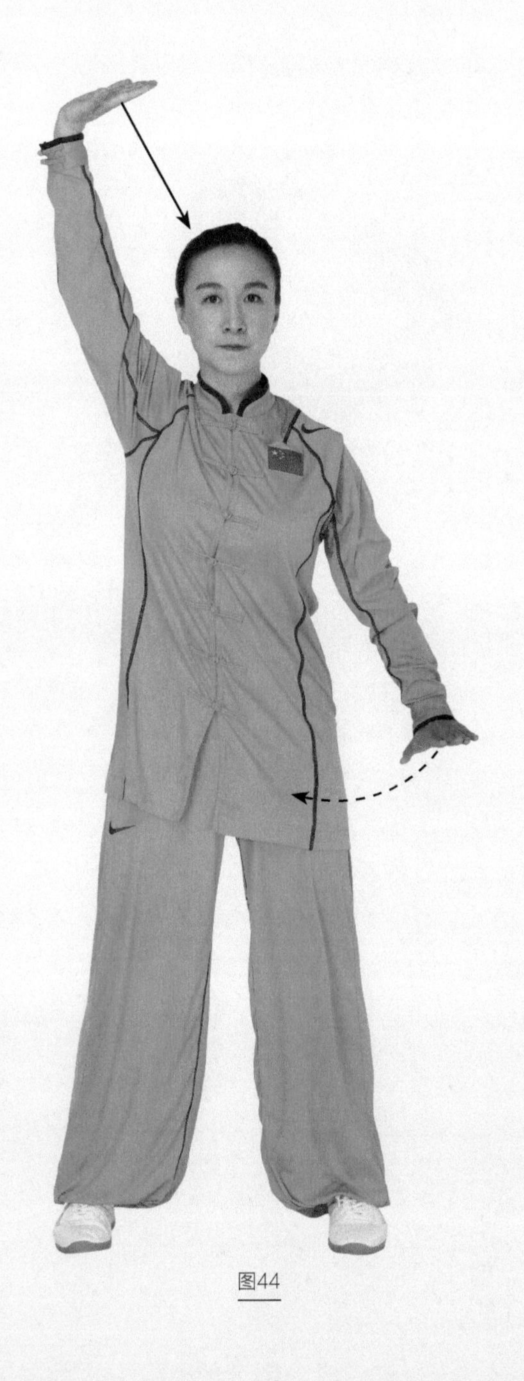

图44

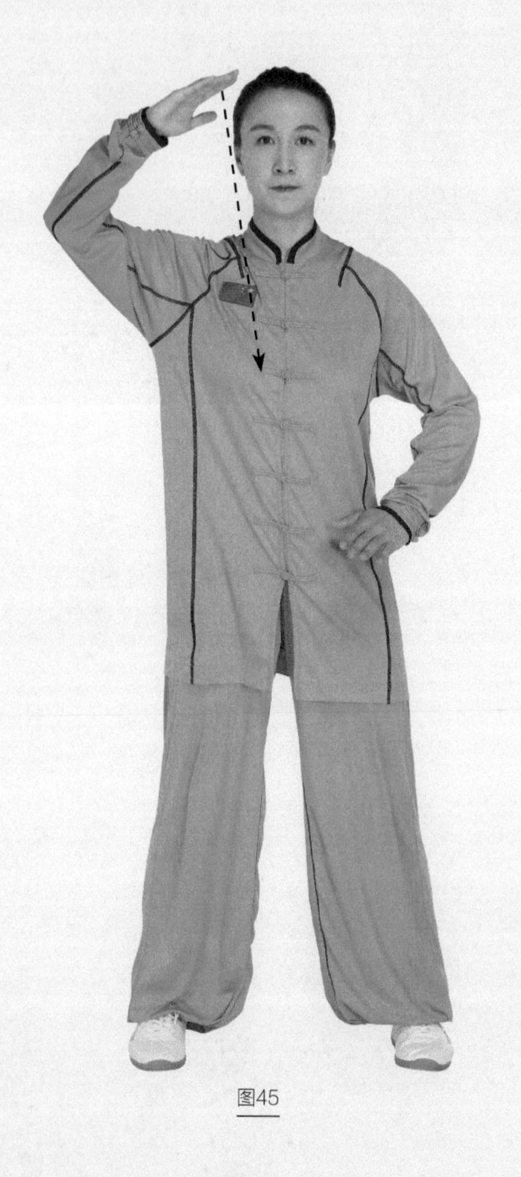

图45

图46

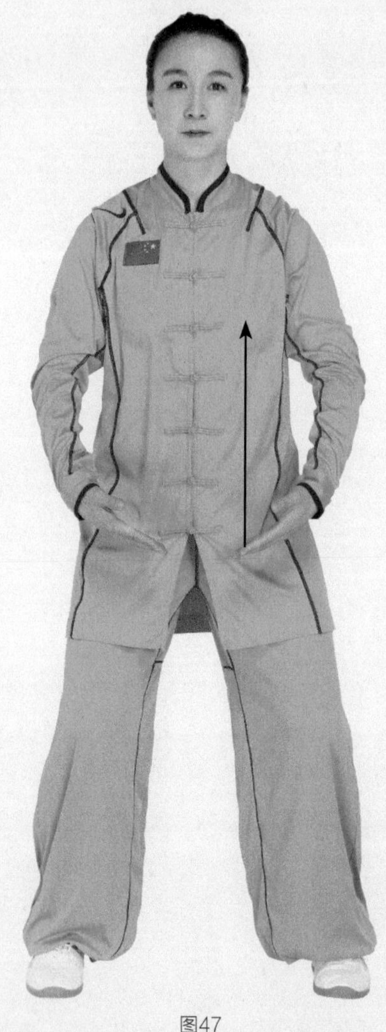

图47

本式一左一右为一遍，共做三遍。

第三遍在右式动作三之后，随着松腰沉髋，两腿膝关节微屈，身体重心缓缓下降；同时右臂外旋，右掌指尖转向后上方（图48），右掌向前方扶按下落，按于髋旁，掌心向下，掌指向前；左掌略前移，两腕关节横纹与前腹在一条水平线上；目视前方（图49）。

图48

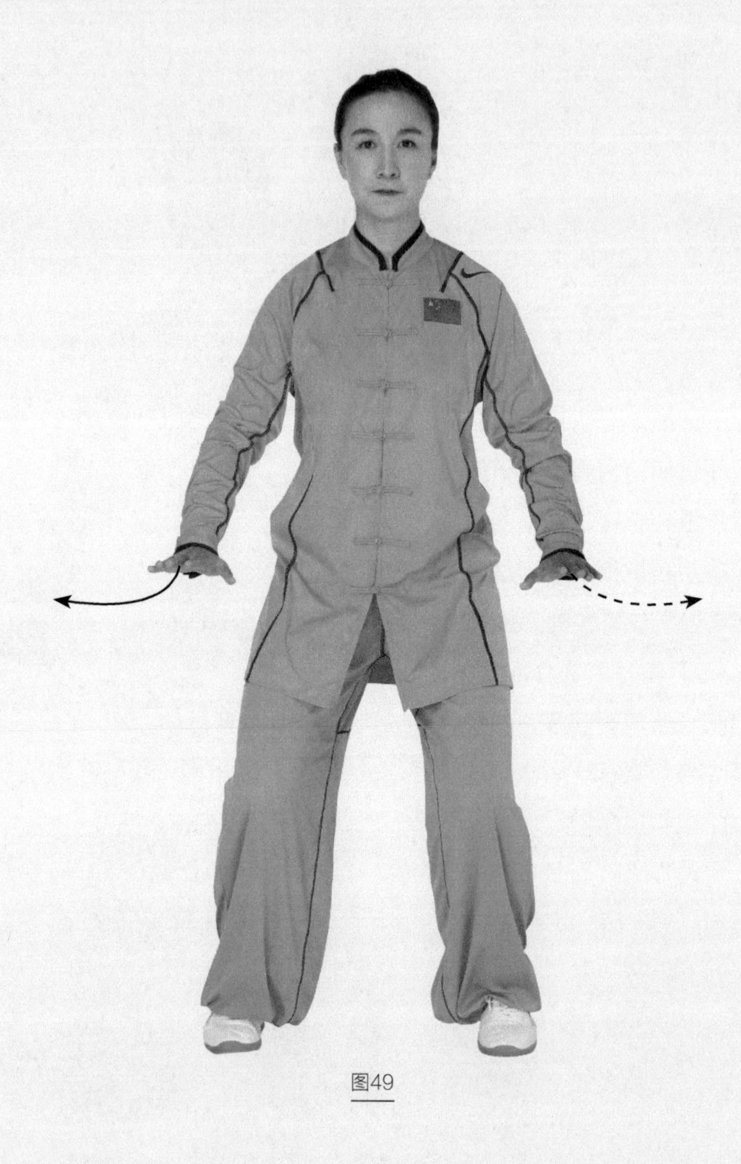

图49

2. 动作要点

① 此式向上举的手的动作路线长，向下按的手的动作路线短。下面的手的动作一定要慢，但不能停，两手配合要协调。当上面的手向内翻转到胸部时，小臂与手应在腹前斜下方约45° 的位置；同时下面的手向内翻转，小臂与手应在腹前斜下方45° 的位置，如怀抱婴儿。此处是这一动转换的关键点，把握了这个角度，就能避免经常出现的夹肘、指尖朝上和抬肘、小臂横放的弊病。

② 两掌上撑下按，力在掌根，抻拉斜肋部，同时，舒胸展体，拔长腰脊，有上擎天、下拄地、顶天立地之感。

3. 作用

此式主要作用于中焦脾胃，通过左右上肢一松一紧的上下对拉，加之呼吸的配合，可牵引脾、胃、肠等脏器，同时可刺激胸胁部位的足太阴脾经、足阳明胃经、足厥阴肝经、足少阳胆经等经络，达到调理脾胃的目的。还可使脊柱各椎骨间及小肌肉得到锻炼，从而增强脊柱的灵活性与稳定性，有利于预防和治疗肩、颈疾病等。

第三节 五劳七伤往后瞧，摇头摆尾去心火

复习提高健身气功八段锦预备式至第三式（调理脾胃须单举）四个动作；学习并初步掌握健身气功八段锦第四式（五劳七伤往后瞧）和第五式（摇头摆尾去心火）两式动作。

一、第四式——五劳七伤往后瞧

1. 动作路线

动作一：接上式，两膝徐缓伸直；两肩下沉，两臂侧伸至斜下45°，掌心向后，指尖向下伸；目视前方（图50）。

图50

动作二：上动不停，随着挺胸、展肩、旋臂，两掌充分外旋，掌心向外；随之头向左后转，动作略停，保持抻拉；目视左斜后方（图51）。

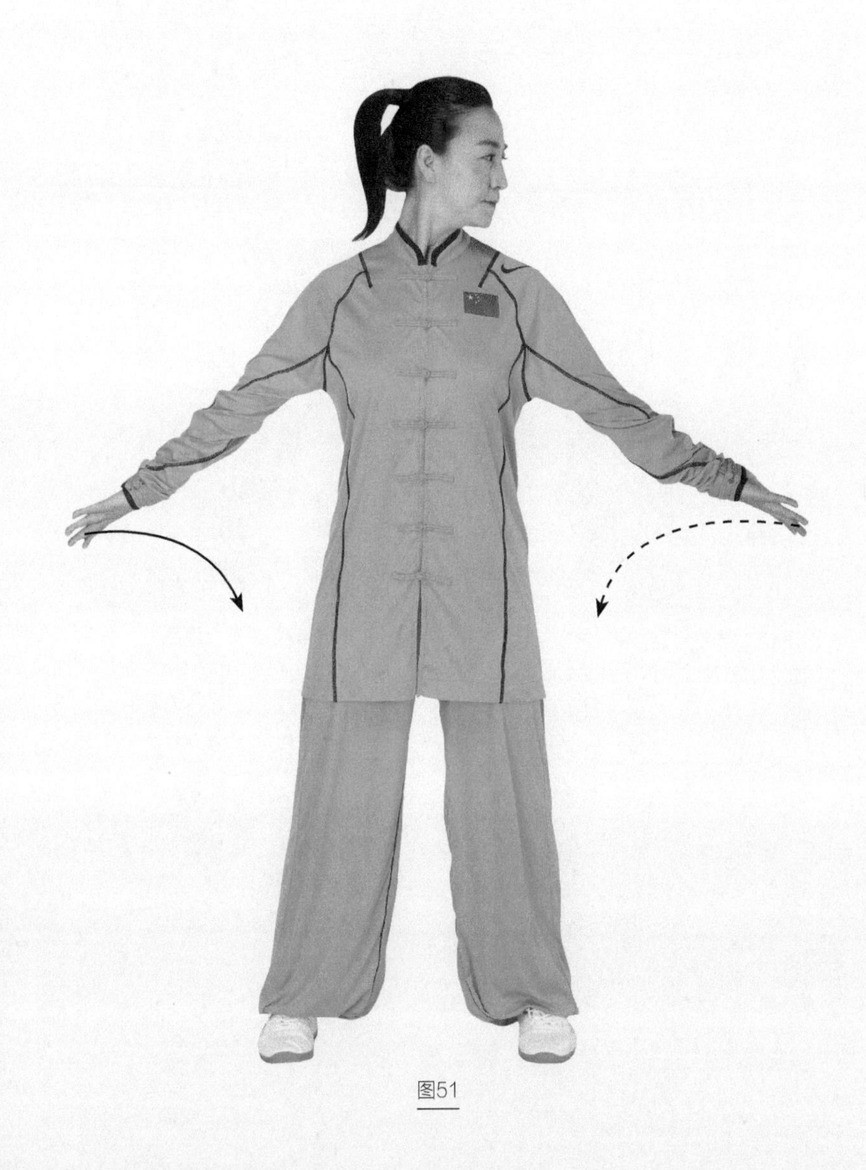

图51

动作三：随着松腰沉髋，身体重心缓缓下降，放松命门，两腿膝关节微屈；两掌、两臂、肩、胸顺序放松；同时，脖颈放松，将头转正，两臂内旋按于髋旁，掌心向下，指尖向前；目视前方（图52）。

图52

右式动作同左式动作，唯左右相反（图53 ~图55）。

图53

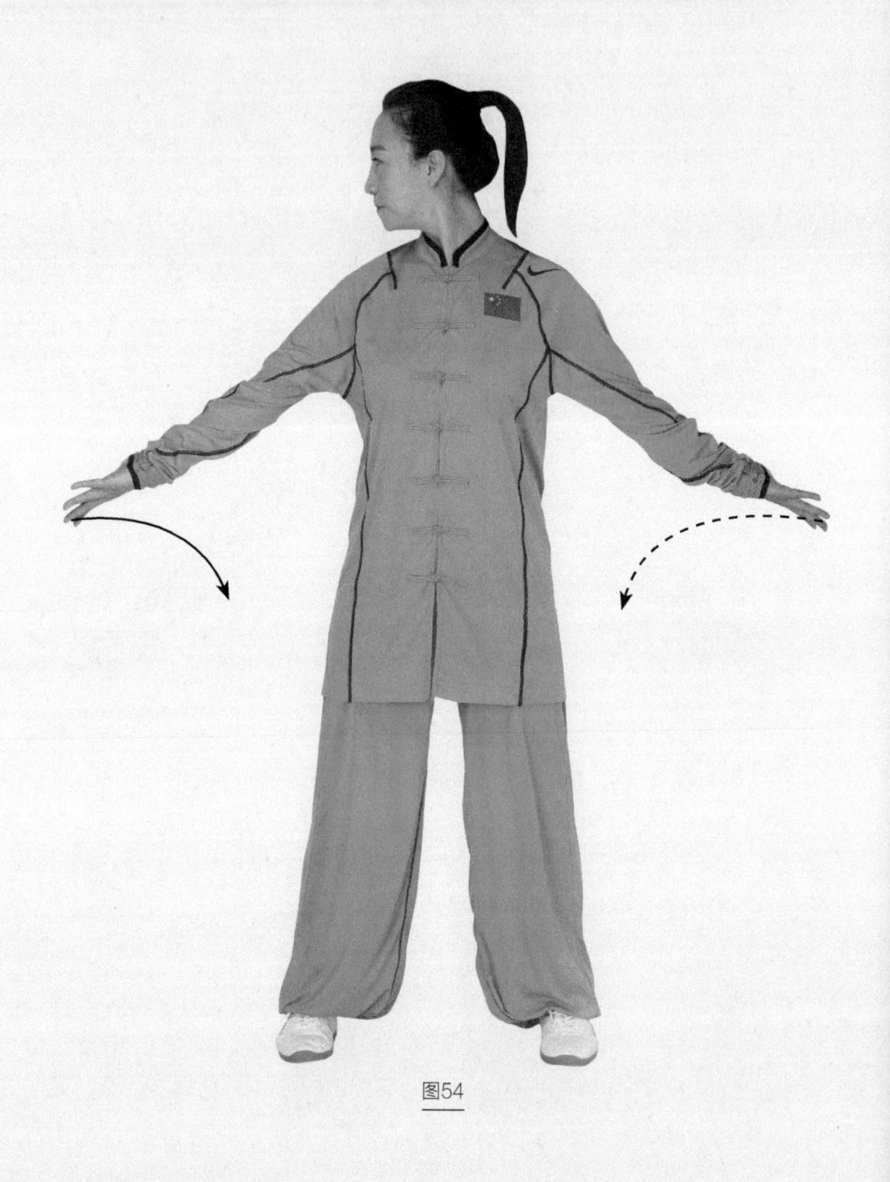
图54

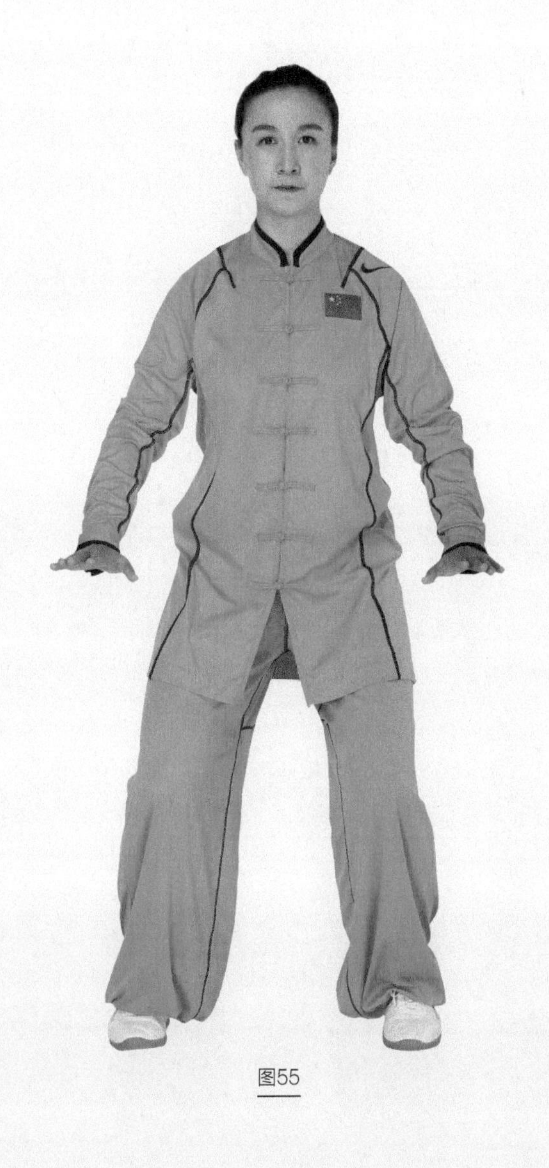

图55

本式一左一右为一遍，共做三遍。第三遍最后一动时，随着松腰沉髋，身体重心缓缓下降，两腿膝关节稍屈；同时两掌捧于腹前，指尖相对，距离约10厘米，掌心向上；目视前方（图56）。

图56

2. 动作要点

① 旋臂前先提顶、立项、沉肩，掌向下伸。

② 从旋臂开始，用劲的顺序是由手经肩达于夹脊；旋臂要充分，转头用劲要适度，转头不转体。

3. 作用

此式通过转头往后瞧，可直接刺激大椎穴和督脉，以及足太阳膀胱经上的腧穴，调理脏腑功能，使之阴阳平衡。督脉主一身阳气，大椎穴又是六阳经汇合点，阳经主腑，阴经主脏，互为表里，这都与脏腑相关；又因为情志致病的特点是先伤五脏，所以转头往后瞧能防治五劳七伤；同时可活动眼肌，预防眼肌疲劳以及肩、颈等疾患，改善脑部血液循环，有助于缓解中枢神经系统疲劳。

二、第五式——摇头摆尾去心火

1. 动作路线

动作一：接上式，随着松腰沉髋，身体重心左移，左膝微屈；右脚向右开步站立，两脚间距约三脚宽，两腿膝关节自然伸直；同时，两掌上托与胸同高时，两臂内旋，两掌继续上托至头上方，肘关节微屈，掌心向上，指尖相对；目视前方（图57）。

图57

动作二：上动不停，随着松腰沉髋，身体重心下降，两腿徐缓屈膝半蹲成马步；同时，两臂从身体两侧下落，肘关节微屈，两掌指扶于膝关节上方，手腕松沉，指间斜向内；目视前方（图58）。

图58

动作三：身体重心向上稍升起；目视前方（图59）。

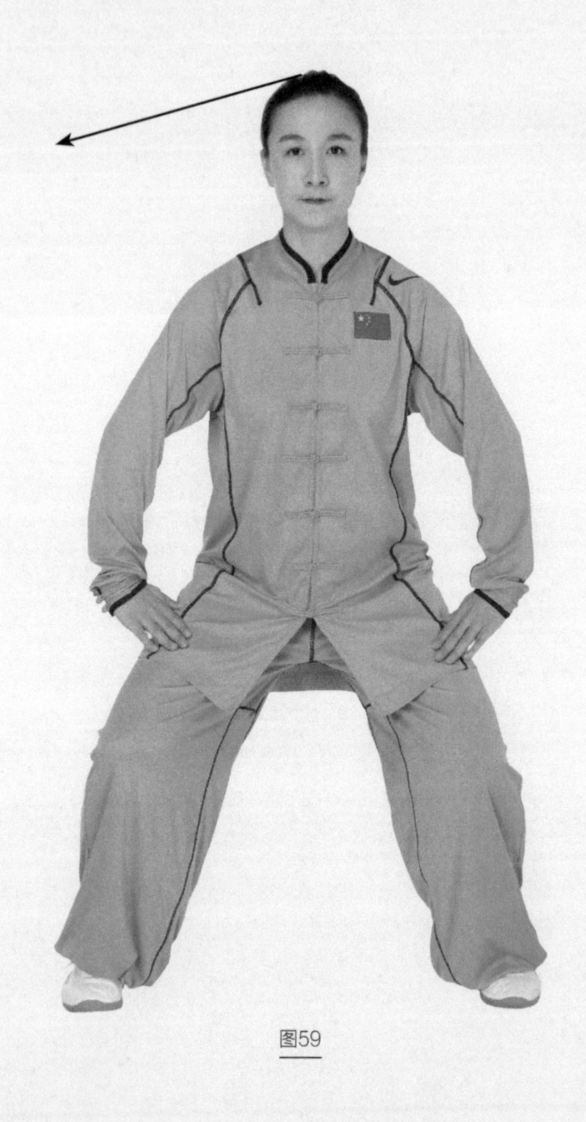

图59

动作四：上动不停，身体重心右移；上体先向右倾成右偏马步；目视前方（图60）。

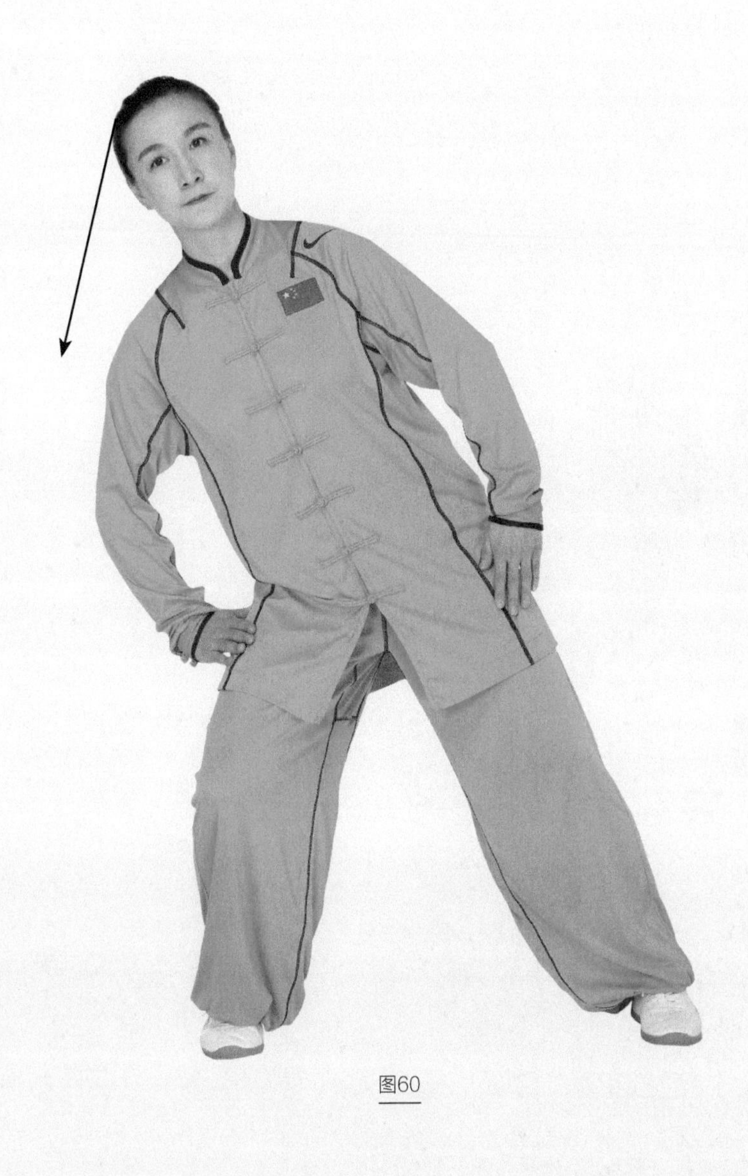

图60

动作五：上体向右前方俯身，高于水平，松腰、松胸；目视右脚尖（图61）。

图61

动作六：上动不停，重心左移成左偏马步，上体左旋至左侧，约45° ；目视右脚跟（图62）。

图62

动作七：上动不停，收腹向右斜前顶髋，腰与尾闾随之向前、左斜前、左斜后旋转至正后方，成马步；同时胸部微含，头向左侧斜前松落，随后仰面摇头至正后方；抬头翘尾，目视上方（图63）。

图63

动作八：下颏内收，尾闾松沉，立身中正，气沉丹田；目视前方（图64）。

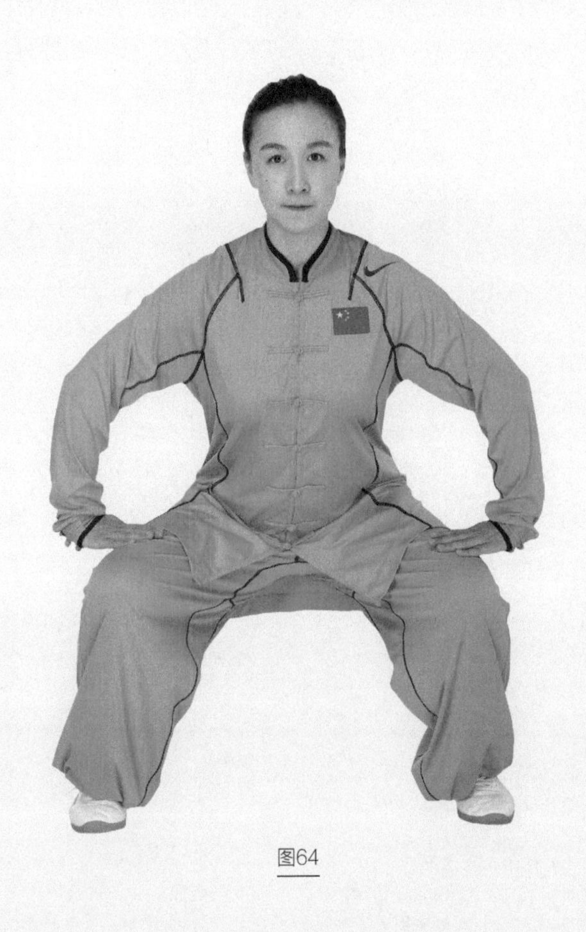

图64

右式动作同左式，唯左右相反（图65～图70）。

图65

图66

图67

图68

图69

图70

本式一左一右为一遍，共做三遍。

做完三遍后，身体重心左移，右脚回收成开步站立，与肩同宽；同时，两掌向外，掌心朝上，经两侧上举至头顶上方，掌心相对；目视前方（图71）。随着呼气，松腰沉髋，身体重心缓缓下降，两腿膝关节微屈；同时屈肘，两掌经面前下按至腹前，掌心向下，指尖相对，距离约10厘米，大拇指侧与腹部距离约10厘米；目视前方（图72）。

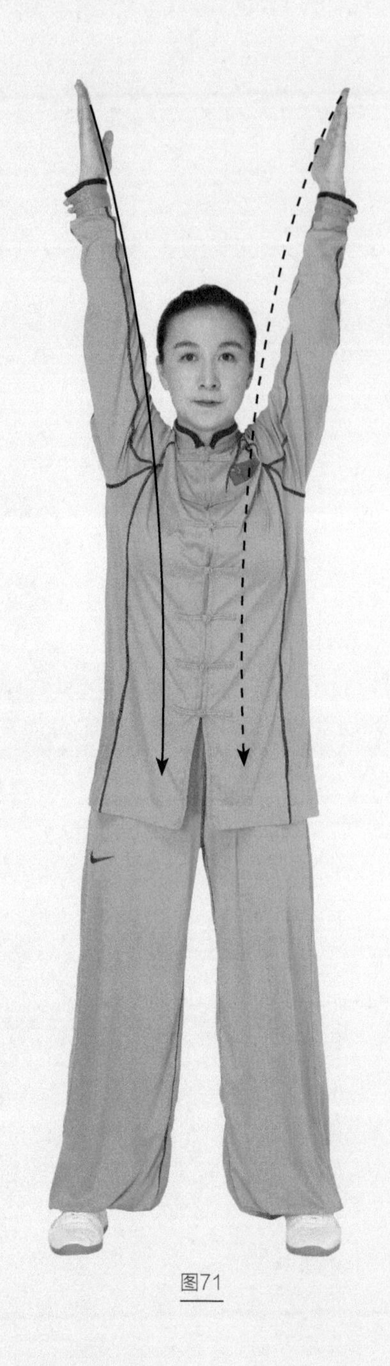

图71

图72

2. 动作要点

① 按动作路线分清每一动的节分点。

② 摇头时，不可挺胸，胸要微微内含，仰面后要留住头，随摆尾内劲由尾闾螺旋上升至大椎穴，头顶自然转向正后方。

③ 摆尾时，不可展腹，腹部要内收，动作连贯不断劲。

④ 当立身下坐成马步时，收下颏与松沉尾闾要同时进行，并悬住后顶。

3. 作用

此式通过下蹲摆动尾闾，可刺激脊柱，带动任、督二脉气血运行，调理脏腑。摇头可刺激大椎穴，从而达到疏经泄热、平衡阴阳的作用。脊椎、腰脊、尾闾的侧屈、旋转，配合着收腹、提肛，膈肌上下运动幅度增大，既增加颈、腰、髋关节灵活性，增强局部肌肉力量，又增加腹腔内压，对内脏器官进行挤压与按摩，促进消化、排泄及中焦和下焦的运化功能。

第四节 ❖ 两手攀足固肾腰，攒拳怒目增气力

复习提高健身气功八段锦预备式至第五式（摇头摆尾去心火）六个动作；学习并初步掌握健身气功八段锦第六式（两手攀足固肾腰）和第七式（攒拳怒目增气力）两式动作。

一、第六式——两手攀足固肾腰

1. 动作路线

动作一：接上式，两膝缓慢伸直；同时，两掌指尖向前，两臂向前、向上举起，肘关节伸直，掌心向前；目视前方（图73、图74）。

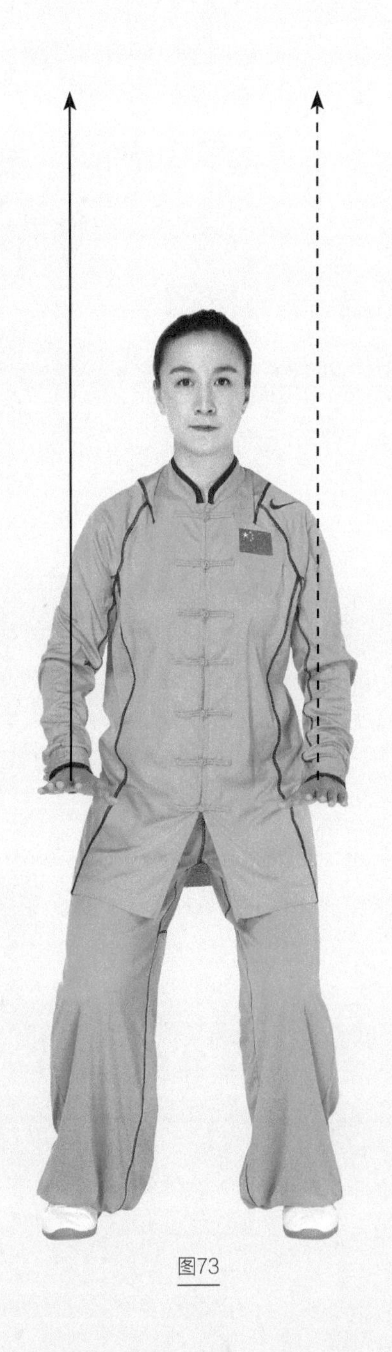

图73

图74

动作二：两臂外旋至手心相对，两掌劳宫穴斜对百会穴，两掌下按于胸前，掌心向下，指尖相对；目视前方（图75、图76）。

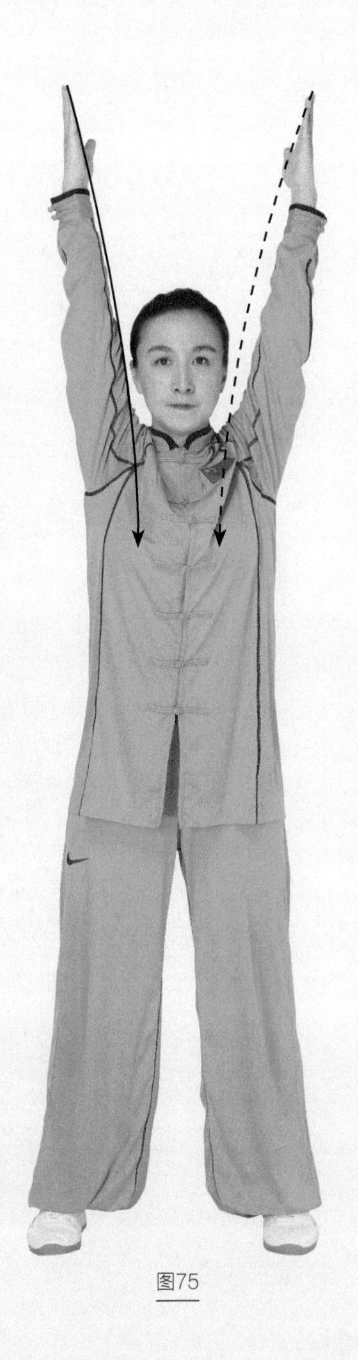

图75

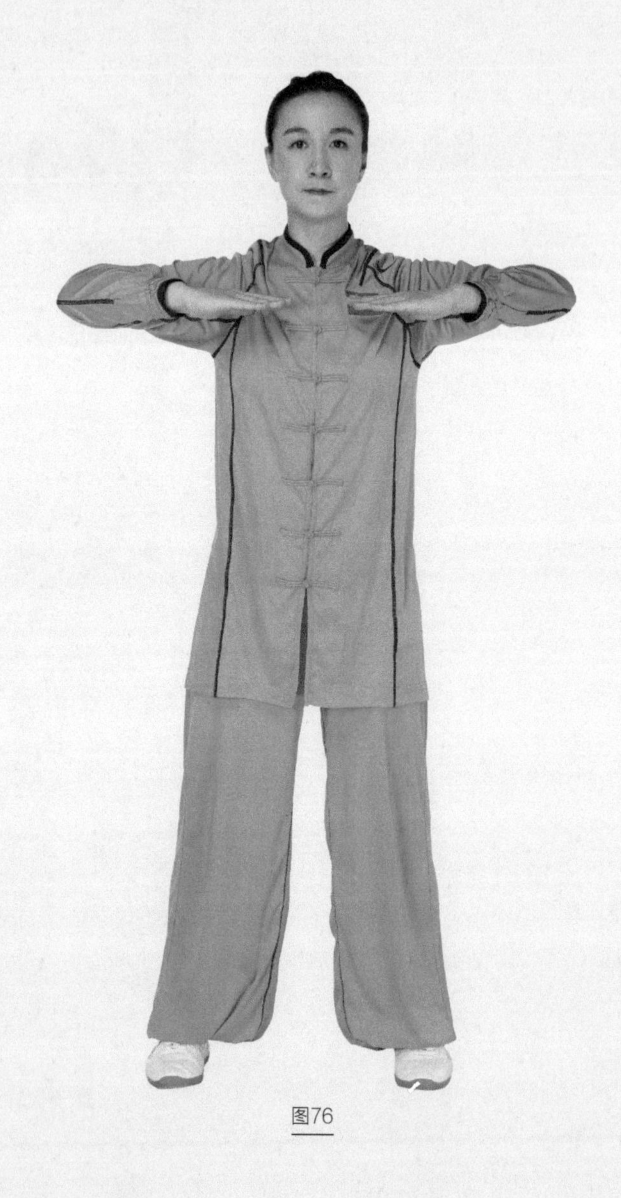

图76

动作三：上动不停，两臂充分外旋，拧住劲使手心翻向上经腋下向后反插，加大对手三阴、三阳经的刺激；目视前方（图77）。

图77

动作四：上动不停，两掌心向内，沿脊柱两侧膀胱经向下摩运至臀部，劳宫穴对环跳穴；目视前方（图78）。

(a) 正面

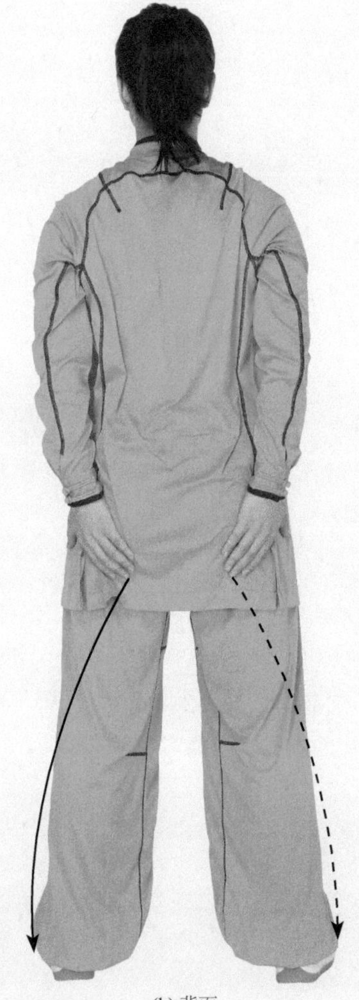

(b) 背面

图78

动作五：上体前俯，两掌继续沿臀部、腿后向下摩运，转掌扶按在脚面上，此时注意不要有意抬头或低头，应与上体保持一致；目视地面（图79、图80）。

图79

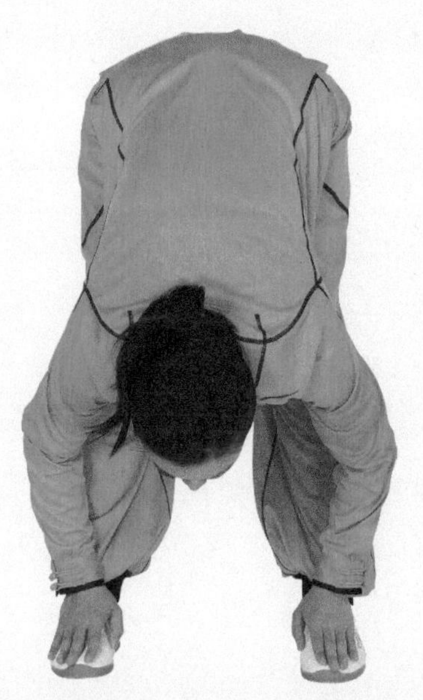
(a) 正面

(b) 侧面

图80

动作六：两手按住脚面不动，上体前引微抬头，拔长腰脊，呈反背弓状；目光随展体自然前移，随即两掌顺地面前送至远端，以臂带动身体上起至水平，尽量拉长肢体；目视下方（图81）。

(a) 正面

(b) 侧面

图81

动作七：上动不停，两臂继续上举，随之上体立起，指尖朝上，掌心向前；目视前方。

本式一上一下为一遍，共做六遍。

做完六遍后，松腰沉髋，身体重心缓缓下降，两腿膝关节稍屈；同时两臂前落，稍屈肘，两掌下按至腹前，掌心向下，指尖向前；目视前方（图82）。

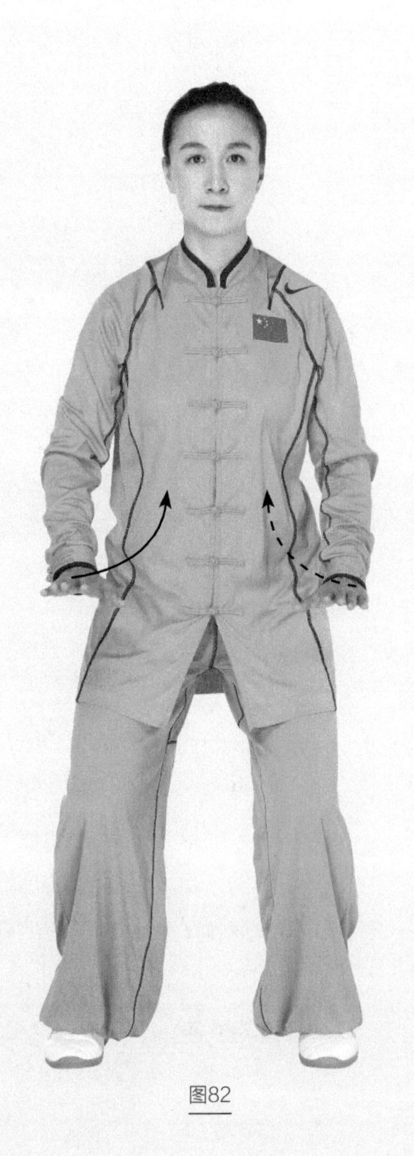

图82

2. 动作要点

① 向下俯身时，颈、肩、腰脊要节节放松，特别是命门穴要放松，呈弯弓状。

② 闭气时，两手一定要按住脚面，肘关节伸直，挺膝，微抬头，上体抬起，抻拉脊柱，塌腰呈反弓状。

③ 向上起身时，以臂带身，尽量伸展肢体，其用力点在命门穴。

④ 年老、体弱者，应根据身体状况，自行调理动作幅度，不要强求；呼吸应顺其自然。

3. 作用

此式以运动腰脊为主。肾位于腰部，为先天之本，藏精纳气，主骨生髓。通过脊柱大幅度的前屈后伸，并配合两手沿足太阳膀胱经的摩运，可刺激脊柱、督脉及命门等腧穴；能固肾壮腰，使精气充盈，增强神经系统对各脏腑功能的调节；可有效发展躯干前、后伸屈脊柱肌群的力量与伸展性；同时对腰部的肾、肾上腺、输尿管等器官有良好的牵拉、按摩作用，可改善其功能，刺激其活力。有助于防治生殖、泌尿系统的慢性病和脊柱相关性疾病。

二、第七式——攒拳怒目增气力

1. 动作路线

动作一：身体重心右移，左脚向左平开步，两腿徐缓屈膝半蹲成马步；同时两手握固，抱于腰侧，拳眼朝上；目视前方（图83）。

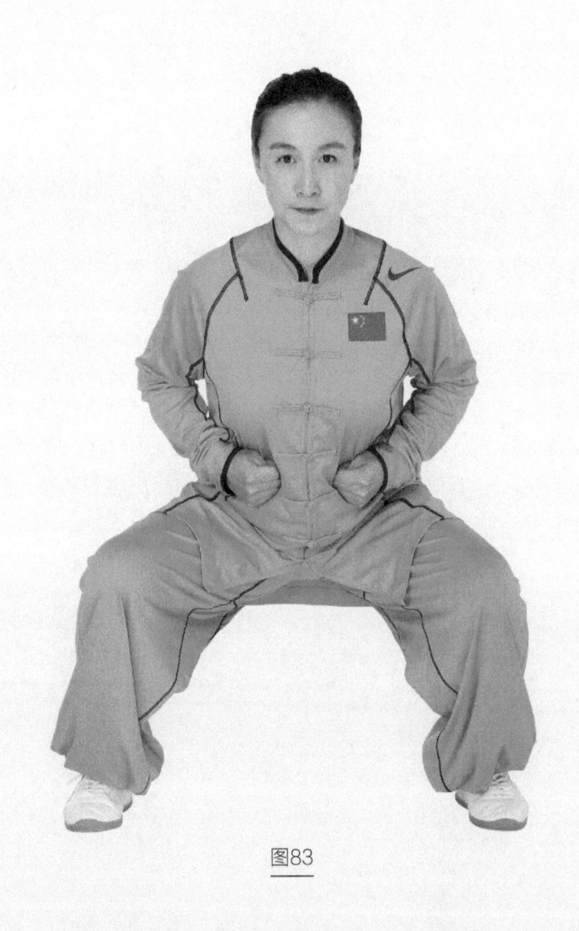

图83

动作二：左拳缓慢用力、肘贴肋部向前冲出，当肘关节离开肋部时，眼睛开始注视左拳并逐渐睁圆；同时脚趾抓地，拳越握越紧，冲至与肩同高，拳眼朝上；目视左拳（图84）。

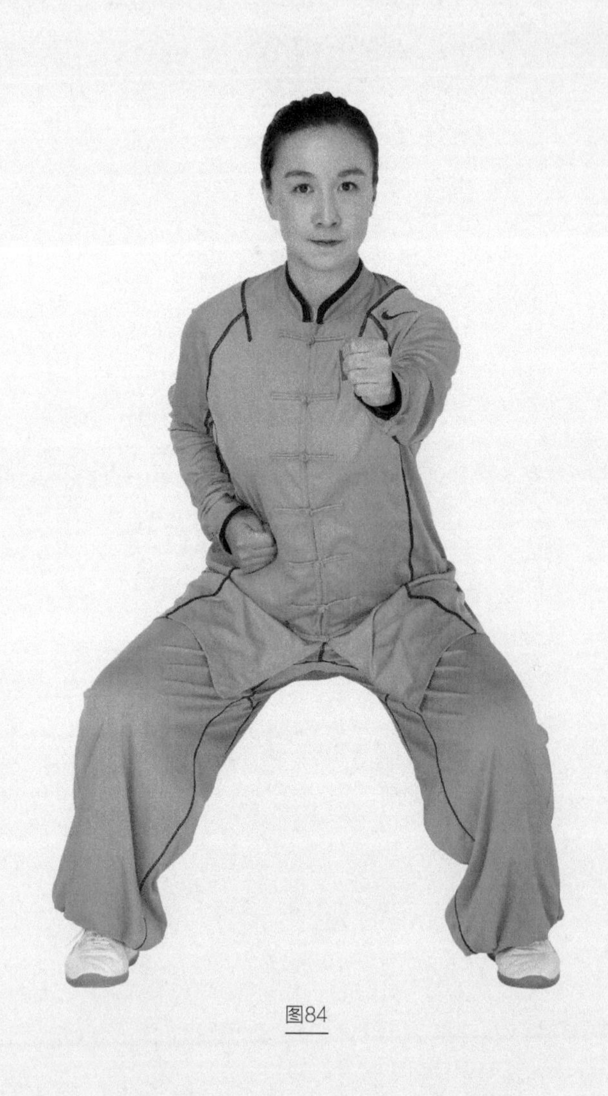

图84

动作三：左拳变掌，左臂与掌指伸直，臂内旋前伸，虎口朝下；同时向右转腰、顺肩，保持髋与膝关节不动；目视左掌（图85）。

图85

动作四：上动不停，保持左掌心与左掌指尽量向下撅手腕，使虎口朝下；随之掌指转向右，臂外旋，使掌指向上、向左、向下立转一周，指尖朝下，肘关节微屈，再伸直手腕，使掌心朝上后握固；目视左拳（图86、图87）。

图86

图87

动作五：左拳屈肘回收；同时眼睛与脚趾放松，当左肘贴到肋部时，眼睛转向前看，随之左拳抱于腰侧，拳眼朝上，接近章门穴；目视前方（图88）。

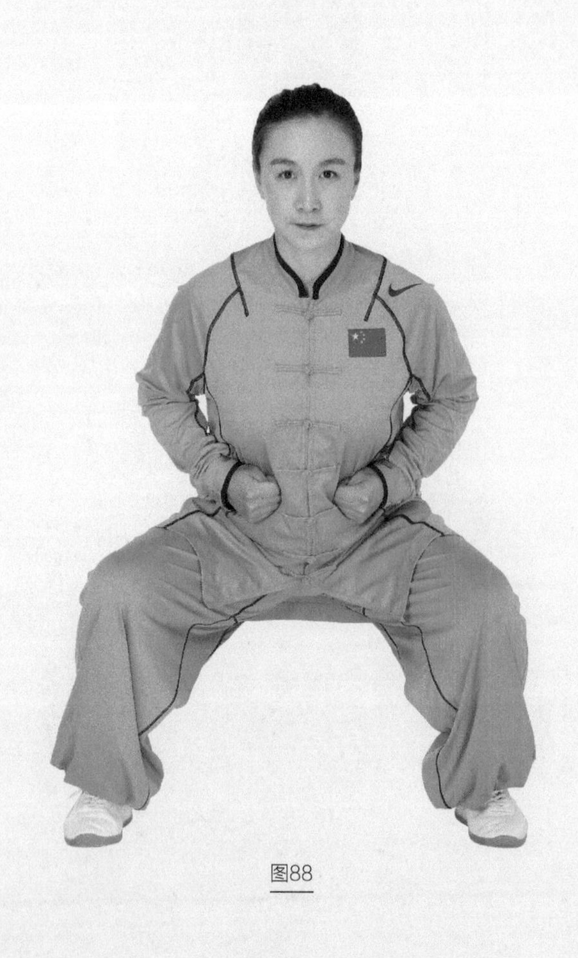

图88

右式动作同左式动作，唯左右相反（图89～图93）。

图89

图90

图91

图92

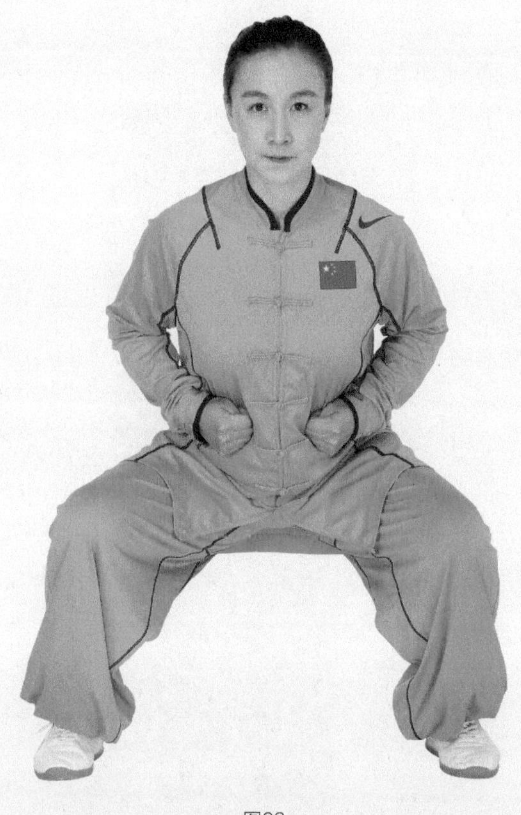

图93

本式一左一右为一遍，共做三遍。

做完三遍后，身体重心右移，左脚回收成并步站立；同时两拳变掌，自然垂于体侧；目视前方（图94）。

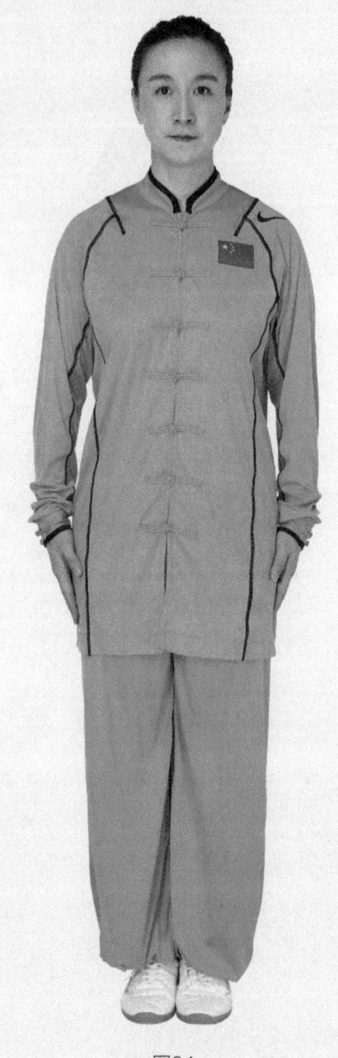

图94

2. 动作要点

① 向前冲拳时，拳先挤压一下章门穴，前臂与肘要贴胁肋部前送和回收。

② 注意手与眼的协调配合；做到转腰顺肩不转髋；手掌立转一周，要以腕为轴，用力旋转，带动臂的外旋，手腕与掌指应有酸胀感。加大对腕部手三阴、三阳经原穴的刺激。

3. 作用

中医认为，“肝主筋，开窍于目”。本式中的“怒目瞪眼”可刺激肝经，使肝血充盈、肝气疏泄，有强筋健骨的作用。两腿下蹲、十趾抓地、拧腰、旋腕、手指逐渐用力抓握，可刺激手足三阴、三阳经，督脉及膀胱经上的腧穴等，并使全身肌肉、筋脉受到静力牵张刺激，长期锻炼可使全身肌肉结实、筋骨强健、气力大增。

第五节 ◈ 背后七颠百病消和收式

复习提高健身气功八段锦预备式至第七式（攒拳怒目增气力）八个动作；学习并初步掌握健身气功八段锦第八式（背后七颠百病消）和收式两式动作。

一、第八式——背后七颠百病消

1. 动作路线

动作一：立项竖脊，后顶领起；同时脚趾抓地，两脚跟拔起，提肛、收腹，沉肩垂肘，掌指下伸；动作略停，保持抻拉；目视前方（图95）。

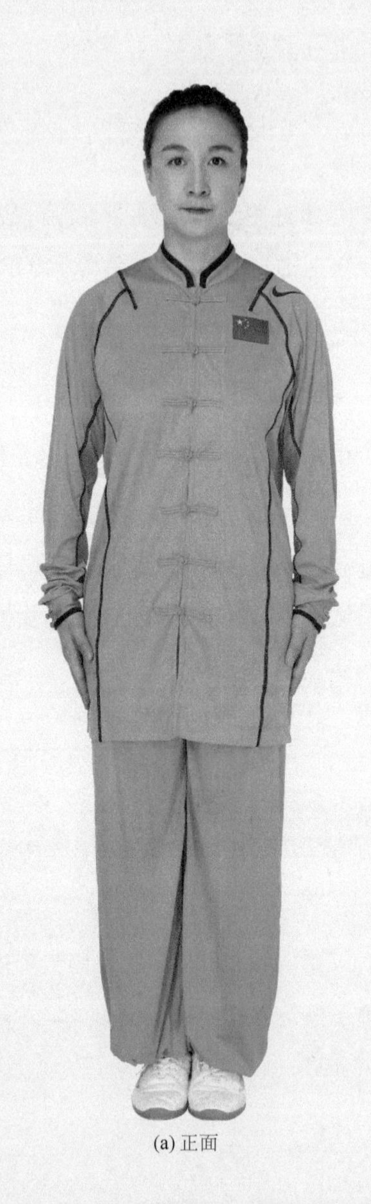

(a) 正面

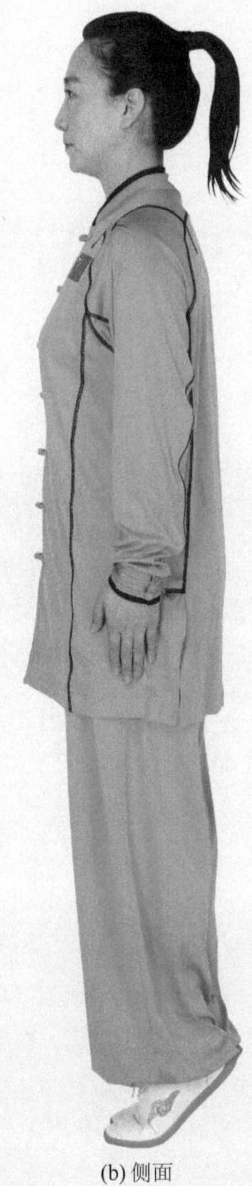

(b) 侧面

图95

动作二：保持悬顶，脚跟徐缓下落，轻震地面；同时咬牙，沉肩、舒臂，周身放松；目视前方（图96）。

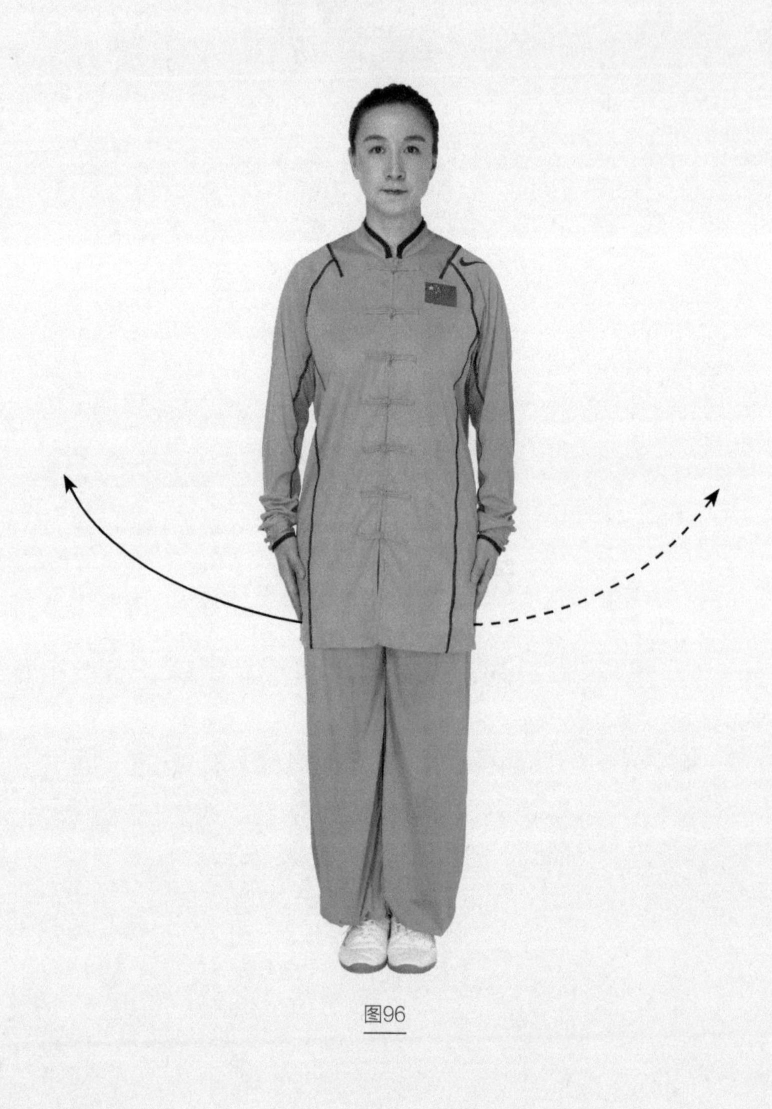

图96

本式一起一落为一遍，共做七遍。

2. 动作要点

① 脚跟上提时，脚趾用力抓地，挺膝、提肛、收腹，沉肩垂肘，掌指下伸，立项竖脊，后顶向上领起。

② 闭气时，要停住，保持身体向上伸展，控制好平衡。

③ 脚跟下落时，动作要稳健，咬牙，轻震地面，沉肩、舒臂，周身放松。

3. 作用

脚趾为足三阴、足三阳经交会之处，脚十趾抓地，可刺激足部有关经脉，调节相应脏腑功能；同时，颠足可刺激脊柱和督脉，使全身脏腑气血通畅、阴阳平衡；脚跟向上提起，可发展小腿后部肌肉、韧带，提高人体平衡能力；脚跟落地时，轻震地面，可轻度刺激下肢及脊柱各关节内外结构，并使全身肌肉得到放松复位，有助于解除肌肉紧张。

二、收式

1. 动作路线

动作一：接上式，两臂内旋，向两侧摆起，掌与髋同高，掌心向后；目视前方（图97）。

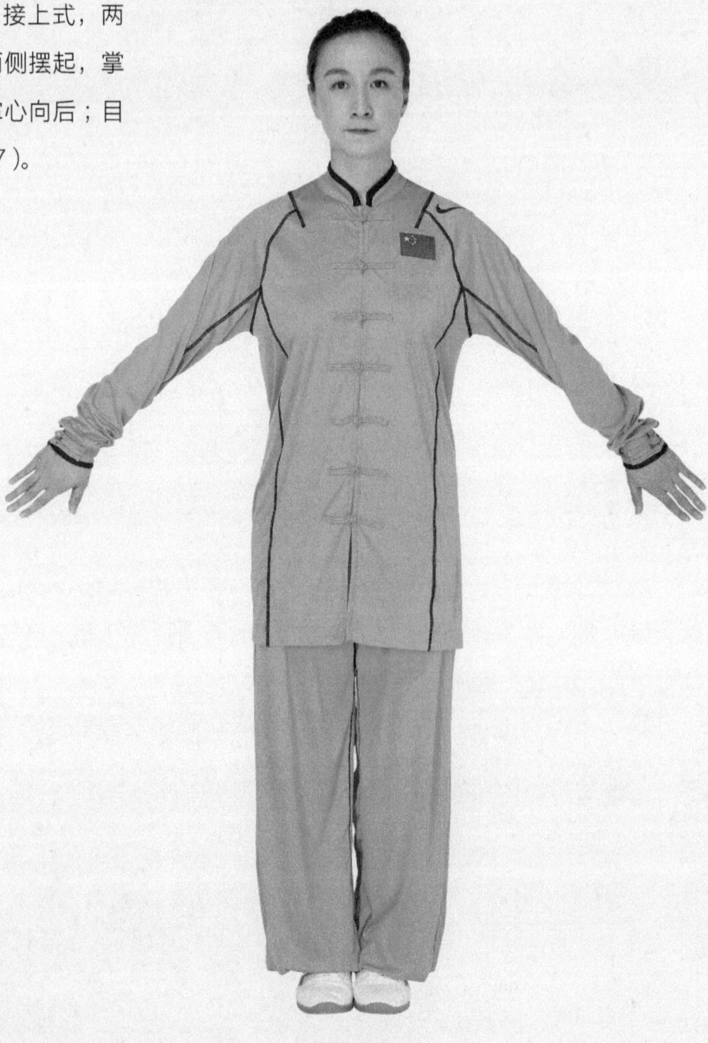

图97

动作二：两臂外旋，屈肘，两掌弧形向前合抱，相叠于丹田处静养片刻（男性左手在内，女性右手在内）；目视前下方（图98、图99）。

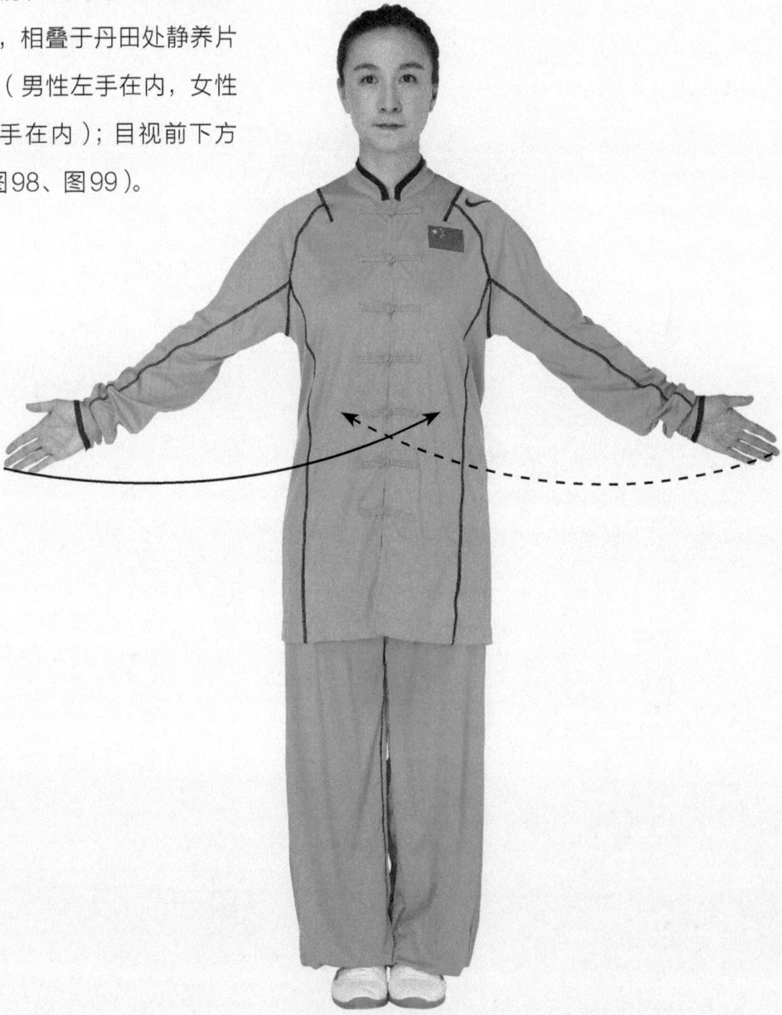

图98

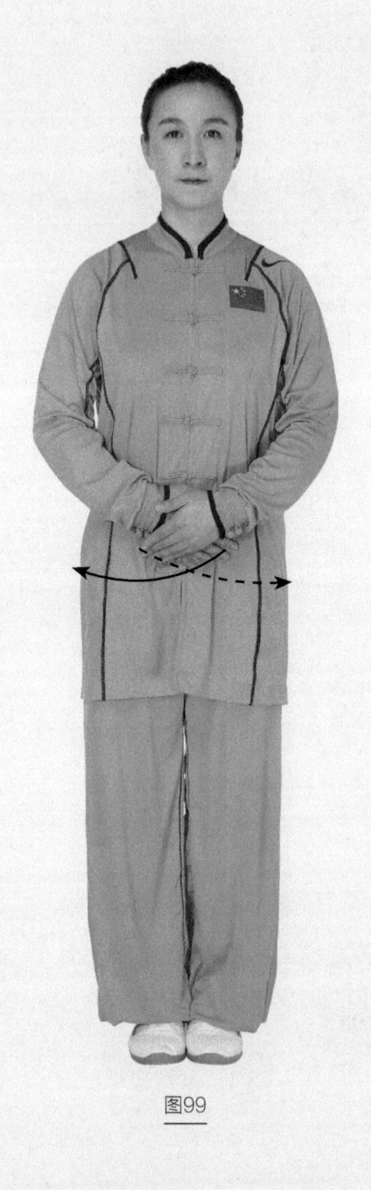

图99

动作三：两臂自然下落，两掌指轻贴于腿外侧；目视前方（图100）。

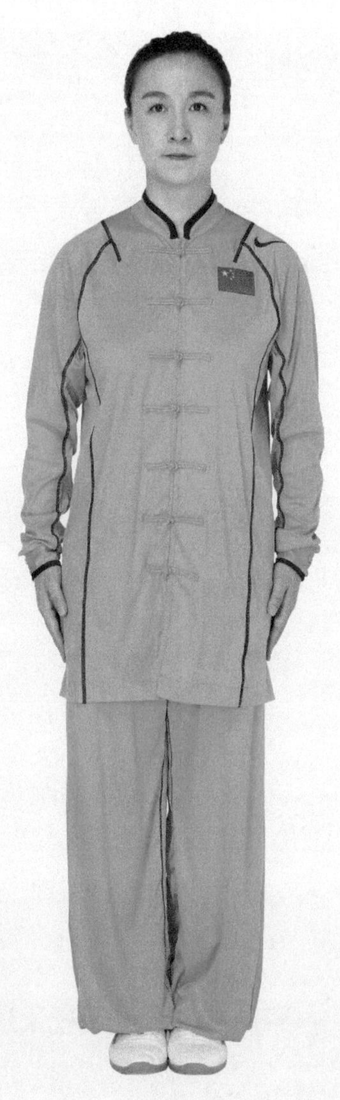

图100

2. 动作要点

体态安详，周身放松，呼吸自然，气归丹田。

3. 作用

气息归元，放松肢体，愉悦心情，进一步巩固练功效果，逐步恢复到练功前安静时的状态。

第六节 ◈ 易犯错误和纠正方法

复习提高健身气功八段锦预备式至收式十个动作；准确、规范掌握动作路线、方向、起止点，每式动作的节分点（动作一、动作二等）要做清楚、到位。针对容易发生的错误动作，采取合理的纠正方法。

一、预备式

1. 易犯错误

抱球时，大拇指上翘，其余四指斜向下或朝向地面；塌腰撅臀，跪膝，八字脚。

2. 纠正方法

放松肩、肘、手掌，沉肩坠肘，舒腕，四指尖相对；松腰沉髋，命门穴放松，想象坐板凳时髋关节的感觉；背向后倚，胸、腰、膝节节运动，膝关节勿向前用力，不超越脚背；全脚掌着地，脚尖朝前，平行站立。

二、第一式——两手托天理三焦

1. 易犯错误

① 两手上托时，挺胸、耸肩、未走直线。

② 两手经体侧下落时，直臂、坐腕、跪膝。

2. 纠正方法

① 两手上托时，要沉肩、提肘、带手，沿着身体向上撑。

② 两手下落时，随着身体节节放松，两臂走远和圆。

三、第二式——左右开弓似射雕

1. 易犯错误

端肩，挺胸塌腰或含胸弓背、跪膝、八字脚。

2. 纠正方法

沉肩坠肘、坐腕；立身、收髋、敛臀、垂直下坐；膝关节不超越脚尖，两脚尖朝前，脚跟略向外撑。

四、第三式——调理脾胃须单举

1. 易犯错误

掌上撑时，手臂向前划弧摆起，指尖方向朝上或朝侧。

2. 纠正方法

强化注意动作路线与节分点，把握好每个细节。

五、第四式——五劳七伤往后瞧

1. 易犯错误

① 转头与旋臂不充分，速度不均匀、过快。

② 向后转头时，下颏上翘、高低肩或身体随头转动。

2. 纠正方法

① 转头与旋臂应根据自身不同程度，尽量旋转；挺胸、展肩、旋臂、旋手依次进行，节节贯穿，速度均匀，用力适度。

② 下颏内收找肩，转头不转肩，胸部始终保持正对前方，立身中正。

六、第五式——摇头摆尾去心火

1. 易犯错误

① 马步下蹲、两手扶按大腿时，手掌按压大腿、大拇指分开或用虎口掐握大腿。

② 摇头时，挺胸展腹；摆尾时，腿部晃动。

③ 摇头结束快，摆尾结束慢，摇头、摆尾配合不协调。

2. 纠正方法

① 手扶按大腿时，五指并拢，掌根、掌心悬空，沉肩、坐腕。

② 摇头时，胸部放松、微向内含；摆尾时，提肛、收腹。

③ 摇头要柔和缓慢，摆尾要圆活连贯；摆尾带动摇头，头不要主动摇转。

七、第六式——两手攀足固肾腰

1. 易犯错误

① 当两手开始向下摩运时已经开始俯身；俯身时故意抬头或低头。

② 两掌搭于脚面时，手腕划弧后再下搭；脊柱未成背弓。

③ 向上起身时，上体带动两臂起。

2. 纠正方法

① 准确把握动作的节分点，当两掌向下摩运至环跳穴时再俯身。

② 注意动作起、止点；弓身时，尽量放松腰脊。

③ 向上起身时，拉长腰脊，以臂带身。

八、第七式——攒拳怒目增气力

1. 易犯错误

① 冲拳时，上体前俯、侧歪，高低肩，肘外掀。

② 旋腕幅度小，摆臂晃腰，僵硬或松懈无力。

2. 纠正方法

① 冲拳时，以脊柱为轴转腰、顺肩、冲拳，力由腰顺脊发出；冲拳和回收时，小臂与肘关节均贴胁肋部。

② 旋腕时，指尖腰经过五个点，即下、内、上、外，再转向下，作用力在腕关节，手掌挺直，坐腕翘指，臂随腕做运动，腰始终保持扭转抻拉。整个旋腕过程尽力无松懈。

九、第八式——背后七颠百病消

1. 易犯错误

向上提踵时，身体未直立、晃动，端肩，两臂紧张；下落颠足时，用力下颠。

2. 纠正方法

头上领，五趾抓住地面，两腿夹紧、并拢，提肛、收腹、松胸、沉肩；提踵、颠足时，身体上下做运动，勿前后摇摆，重心落在两脚。

十、收式

1. 易犯错误

缺少收功环节或收功草率，说话、打闹，走动，做其他事情。

2. 纠正方法

收功时，精神内敛、回收，心静体松，宁静稳重，将气收归丹田，静养片刻。可适当做一些整理活动，或对身体不舒服部位进行按摩等。

参考文献

[1] 胡塞尔. 现象学的观念 [M]. 北京：人民出版社，2009, 12:23.

[2] 倪梁康.现象学及其效应——胡塞尔与当代德国哲学 [M]. 上海：三联书店，2005.

[3] 胡塞尔. 逻辑研究：第2卷，第1册 [M]. 上海：上海译文出版社，2006.

[4] 国家体育总局健身气功管理中心. 健身气功社会指导员培训教材 [M]. 北京：人民体育出版社，2007.

[5] 司红玉. 由导引术、气功到健身气功的现象学研究 [J]. 上海体育学院学报，2011.

[6] 国家体育总局健身气功管理中心. 健身气功新功法 [M]. 北京：人民体育出版社，2012.

[7] 国家体育总局健身气功管理中心. 健身气功二百问 [M]. 北京：人民体育出版社，2007.

[8] 伍艳明，林凯玲，陈瑞芳. 八段锦锻炼结合健康教育对175例糖尿病亚健康状态者血糖干预作用研究 [J]. 中国初级卫生保健，2008 (2):80-82.

[9] 王成元，张瀚元. 八段锦结合常规治疗法对2型糖尿病血糖水平的影响 [J]. 中国医药科学，2015 (22):49-52.

[10] 牛鹏，王爱民，张玲，等. 八段锦对2型糖尿病患者血糖控制效果的影响 [J]. 中华护理杂志，2012 (8):701-703.

[11] 李兴海.健身气功・八段锦对2型糖尿病内皮依赖性血管舒张功能影响的研究 [J]. 沈阳体育学院学报，2009 (1):50-51,55.

[12] 苗福盛，刘祥燕，李野，等. 健身气功八段锦对高脂血症患者血脂和脂蛋白代谢的影响 [J]. 山东体育学院学报，2009 (10):46-48.

[13] 潘华山，冯毅翀. 八段锦锻炼对老年人1级高血压康复治疗的临床观察 [J]. 南京

体育学院学报（自然科学版），2010 (1):4-6.

[14] 张书金，刘恒亮，李智滨，等. 八段锦改善2型糖尿病周围神经病变45例临床观察 [J]. 河北中医，2015 (10):1473-1475,1484.

[15] 王立强，苗桂珍，崔赵丽，等. 八段锦联合针刺疗法治疗糖尿病周围神经病变疗效观察 [J]. 中国中医药现代远程教育，2016 (19):90-92.

[16] 任建坤. 健身气功·八段锦中医理论诠释 [J]. 中国健身气功协会，2013.

[17] 王炎炎. 健身气功八段锦的经络健身原理探索和实验研究 [D]. 扬州大学，2015.

[18] 姜霞. 浅论八段锦与中医养生的辩证关系 [J]. 中华武术(研究)，2012, 1(2):95-96.

[19] 齐大发. 健身气功八段锦在临床治疗中的应用 [D]. 当代体育科技，2017(32):145-146.

[20] 魏明. 试论中国传统养生的理论与原则 [D]. 体育与科学，1992 (3):3-5.

[21] 杨克新. 健身气功全书 [M]. 天津：天津科学技术出版社，2015.

[22] 陈万睿，陈婧. 太极拳和健身气功八段锦对中老年血脂及生活质量的影响 [J]. 中国老年学杂志，2015, 35(19).

[23] 潘华山. 八段锦运动负荷对老年人心肺功能影响的研究 [J]. 新中医，2008(1):55-57.

[24] 曾云贵，周小青，王安利，杨柏龙，王松涛. 健身气功·八段锦锻炼对中老年人身体形态和生理机能影响的研究 [J]. 北京体育大学学报，2005(9):207-209.

[25] 国家体育总局健身气功管理中心. 健身气功 [M]. 北京：人民体育出版社，2016.

[26] 国家体育总局. 2007年中国城乡居民参加体育锻炼现状调查公报，2008.

[27] 中华人民共和国国家卫生健康委员会. 成人体重判定 [M]. 北京：中国标准出版社，2013.

[28] 肖志奇，肖水平. 体育测量学 [M]. 成都：西南交通大学出版社，1990.

[29] 孙庆祝，郝文亭，洪峰. 体育测量与评价 [M]. 北京：高等教育出版社，2010.

[30] 美国运动医学学会. ACSM运动测试与运动处方指南 [M]. 9版. 王正珍，译. 北京：北京体育大学出版社，2015.

[31] 埃尔曼，等. 慢性疾病运动康复［M］. 刘洵，译. 北京：人民军医出版社，2015.

[32] 上海市体育局群体处，上海市体育宣教中心组. 社会体育指导员培训辅助教材［M］. 上海：复旦大学出版社，2005.

[33] 卢德明. 运动生物力学测量方法［M］. 北京：北京体育大学出版社，2001.

[34] 孙飙.运动生理学实验指导［M］. 北京：人民体育出版社，2005.

[35] 中国国民体质监测系统课题组，国家体育总局科教司.中国国民体质监测系统的研究［M］. 北京：北京体育大学出版社，2000.

[36] 国家体育总局. 国民体质测定标准手册(成年人部分)［M］. 北京：人民体育出版社，2003.

[37] 国家体育总局. 国民体质测定标准手册(老年人部分)［M］.北京：人民体育出版社，2003.

[38] Koh T C. Baduanjin • An ancient Chinese exercise. American Journal of Chinese Medicine, 1982, 10:14-21.

[39] An B, Dai K, Zhu Z, et al. Baduanjin alleviates the symptoms of knee osteoarthritis. Journal of Alternative and Complementary Medicine, 2008, 14:167-174.

[40] Liao Y, Lin Y, Zhang C, et al. Intervention effect of baduanjin exercise on the fatigue state in people with fatigue-predominant subhealth: a cohort study. Journal of Alternative and Complementary Medicine, 2015, 21:554-562.

[41] Chen H H, Yeh M L, Lee F Y. The effects of Baduanjin qigong in the prevention of bone loss for middle-aged women. American Journal of Chinese Medicine. 2006, 34:741-747.

[42] Zeng Y G, Zhou X Q, Wang A L. Research on the impacts of fitness Qigong Baduanjin on figure and physical function among the middle-aged and aged people. Journal of Beijing Sport University, 2005, 9:1207-1209.

[43] McAnulty S, McAnulty L, Collier S, Souza-Junior T P, McBride J. Tai Chi and Kung-Fu practice maintains physical performance but not vascular

health in young versus old participants. Physician and Sportsmedicine, 2016, 44:184-189 .

[44] Wang Y. The influence of health qigong "Ba Duan Jin" training on the psychological health of college students. Journal of Beijing Sport University, 2011, 34:102-111.

[45] Zheng G, Huang M, Li S, et al. Effect of Baduanjin exercise on cognitive function in older adults with mild cognitive impairment: study protocol for a randomised controlled trial. BMJ Open, 2016:6.

[46] Li M, Fang Q, Li J, et al. The effect of Chinese traditional exercise-Baduanjin on physical and psychological well-being of college students: a randomized controlled trial. PLoS ONE, 2015:10.

[47] Wang X Q, Pi Y L, Chen P J, et al. Traditional chinese exercise for cardiovascular diseases: systematic review and meta - analysis of randomized controlled trials. Journal of the American Heart Association, 2016:5

[48] Liu X Y, Gao J, Zhang Q, et al. Influence of Ba Duan Jin exercise on quality of life of elderly in community. Journal of Nursing Care, 2014, 12:577-579 .

[49] Xiong X, Wang P, Li S, Zhang Y, Li X. Effect of Baduanjin exercise for hypertension: a systematic review and meta-analysis of randomized controlled trials. Maturitas, 2015, 80:370-378.

[50] Chan J S M, Ho R T H, Chung K F, et al. Qigong exercise alleviates fatigue, anxiety, and depressive symptoms, improves sleep quality, and shortens sleep latency in persons with chronic fatigue syndrome-like illness. Evidence-based Complementary and Alternative Medicine, 2014.

[51] Chen M C, Liu H E, Huang H Y, Chiou A F. The effect of a simple traditional exercise programme (Baduanjin exercise) on sleep quality of older adults: a randomized controlled trial. International Journal of Nursing Studies, 2012, 49:265-273.

[52] An B C, Wang Y, Jiang X, et al. Effects of baduanjin exercise on knee osteoarthritis: a one-year study. Chinese Journal of Integrative Medicine, 2013, 19:143-148.
[53] Qin G. Effect of Qigong on cardiovascular function in College students. Journal of Wuhan Institute of Physical Education, 2012, 46:97-100.
[54] Hu G X, Gu K P. Effects of Qigong eight section brocade exercise on quality of life of the elderly. Medicine and Society, 2014, 27:74-76.
[55] Liu X Y, Gao J, Yin B X, Yang X Y, Bai D.. Efficacy of Ba Duan Jin in improving balance: a study in Chinese community-dwelling older adults. Journal of Gerontological Nursing, 2016, 42:38-46.
[56] Li R, Jin L, Hong P, et al. The effect of baduanjin on promoting the physical fitness and health of adults. Evidence-Based Complementary and Alternative Medicine, 2014.
[57] Lee M S, Chen K W, Choi T, Ernst E. Qigong for type 2 diabetes care: a systematic review. Complementary Therapies in Medicine, 2009, 17:236-242.
[58] Lee M S, Pittler M H, Ernst E. Internal qigong for pain conditions: a systematic review. Journal of Pain, 2009, 10:1121-1127.
[59] Mei L, Chen Q, Ge L, Zheng G, Chen J. Systematic review of Chinese traditional exercise baduanjin modulating the blood lipid metabolism. Evidence-Based Complementary and Alternative Medicine, 2012.
[60] Xiu M N. Study on influence of Baduanjin exercise on cancer chemotherapy patients with cancer-related fatigue. Chinese General Practice Nursing, 2015, 13:3012-3014.
[61] Liu Y, Huo R, Yao Q L, et al. Community-based Study on Effects of Chinese Qigong-Baduanjin on depression symptom and life quality of patients with type 2 diabetes mellitus. Chinese Journal of Sport Medicine, 2012, 31:212-217.
[62] Chen Y Q, Liu R Z, He R. Effect of Baduanjin on sleep quality in people

with hypertension. Hunan Journal of Traditional Chinese Medicine, 2015, 31:52-54.

[63] Zheng L W, Chen Q Y, Chen F, et al. The Influence of Baduanjin on vascular endothtium function in old patients with hypertension grade 1. Journal of Chinese Rehabilitation and Medicine, 2014, 29:223-227.

[64] Pan H S and Feng Y C. Effect of Baduanjin on physiological health in patients with hypertension. Journal of Nanjing Institute of Physical Education, 2010, 9:4-6.

[65] Qiu X H, Qin Y X, Qiu Z Z. Effect of Qigong on physical function in college students. Fujian Sports Science and Technology, 2014, 33:37-42.

[66] Liu A L, Lu B Q, Zheng Y Y. Effect of Baduanjin on sleep quality and physical fitness in college students. Journal of Medical Science, 2012, 31:286-289.

[67] Xiao C M, Zhuang Y C. Effect of health Baduanjin Qigong for mild to moderate Parkinson's disease. Geriatrics and Gerontology International, 2016, 16:911-919.

[68] Zhai F M, Chen Y J, Huang Z F, et al. Effect of Baduanjin on physiological health in old adults. Journal of Chinese geriatrics Society, 2013, 33:1402-1404.

[69] Tinetti M E, Speechley M, Ginter S F. Risk factors for falls among elderly persons living in the community. New England Journal of Medicine, 1988, 319:1701-1707.

[70] Shumway-Cook A, Brauer S, Woollacott M. Predicting the probability for falls in community-dwelling older adults using the timed up & go test. Physical Therapy, 2000, 80:896-903.

[71] Nilsagard Y, Lundholm C, Denison E, Gunnarsson LG. Predicting accidental falls in people with multiple sclerosis—a longitudinal study. Clinical Rehabilitation, 2009, 23:259-269.

[72] Horikawa E, Matsui T, Arai H, Seki T, Iwasaki K, Sasaki H. Risk of falls

in Alzheimer's disease: a prospective study. Internal Medicine, 2005, 44:717-721.

[73] Pedroso R V, De Melo Coelho F G, Santos-Galduróz R F, Costa J L R, Gobbi S, Stella F. Balance, executive functions and falls in elderly with Alzheimer's disease (AD): a longitudinal study. Archives of Gerontology and Geriatrics, 2012, 54:348-351.

[74] Chan J, Li A, Ng S, Ho R, Xu A, Yao T, Wang X, So K, Chan C. Adiponectin potentially contributes to the antdiepressive effects of Baduanjin Qigong exercise in Women with chronic fatigue syndrome-like illness. Cell transplant, 2017, 26: 493-501.

[75] Levav I, Rutz W. The WHO World Health Report 2001 new understanding-new hope. Isr J Psychiatry Relat Sci, 2002, 39:50-56.

[76] The World Health Report 2003: Shaping the Future: Burden of disease in DALYs by cause, sex, and mortality stratum in WHO regions, estimates for 2002. In World Health Organization, 2003:160-165.

[77] Hiroeh U, Appleby L, Mortensen P B, et al. Death by homicide, suicide, and other unnatural causes in people with mental illness: a population-based study. Lancet, 2001, 358:2110-2112.

[78] Januzzi J L, Stern T A, Pasternak R C, et al. The influence of anxiety and depression on outcomes of patients with coronary artery disease. Arch Intern Med, 2000, 160:1913-1921.

[79] Wang C W, Chan C H Y, Ho R T H, et al. Managing stress and anxiety through qigong exercise in healthy adults: a systematic review and meta-analysis of randomized controlled trials. BMC Complement Altern Med, 2014, 14:8.

[80] Wen J, et al. Baduanjin Exercise for Type 2 Diabetes Mellitus: A Systematic Review and Meta-Analysis of Randomized Controlled Trials. Evid Based Complement Alternat Med, 2017.

[81] Arena R, Cahalin L P. Evaluation of cardiorespiratory fitness and

respiratory muscle function in the obese population. Prog Cardiovasc Dis, 2014, 56:457-464.

[82] Sharon A, Plowman D L S. Exercise physiology, 2011.

[83] Menezes A R, et al. Cardiac rehabilitation in the United States. Prog Cardiovasc Dis, 2014, 56:522-529.

[84] Singhal A. The global epidemic of noncommunicable disease: the role of early-life factors. Nestle Nutr Inst Workshop Ser, 2014, 78:123-132.

[85] Shen J, Goyal A, Sperling L. The emerging epidemic of obesity, diabetes, and the metabolic syndrome in china. Cardiol Res Pract, 2012.

[86] WHO. 2014年世界卫生统计.（2018-12-31）[2019-5-28] http://www.who.int/mediacentre/news/releases/2014/world-health-statistics-2014/zh/.

[87] Morris C K, Froelicher V F. Cardiovascular benefits of improved exercise capacity. Sports Med, 1993, 6:225-236.

[88] Sillanpaa E, et al. Body composition, fitness, and metabolic health during strength and endurance training and their combination in middle-aged and older women. Eur J Appl Physiol, 2009, 106:285-296.

[89] Murphy M, et al. Accumulating brisk walking for fitness, cardiovascular risk, and psychological health. Med Sci Sports Exerc, 2002, 34:1468-1474.

[90] Gliemann L, et al. Resveratrol blunts the positive effects of exercise training on cardiovascular health in aged men. J Physiol, 2013, 591:5047-5059.

[91] Gunnarsson T P, Bangsbo J. The 10-20-30 training concept improves performance and health profile in moderately trained runners. J Appl Physiol, 2012, 113:16-24.

[92] Morris J N, Hardman A E. Walking to health. Sports Med, 1997, 23:306-332.

[93] Siddiqui N I, Nessa A, Hossain M A. Regular physical exercise: way to healthy life. Mymensingh Med J, 2010, 19:154-158.

[94] Eknoyan G, Adolphe Quetelet (1796-1874)——the average man and indices of obesity. Nephrol Dial Transplant, 2008, 23:47-51.

[95] Yatsuya H, et al., Global trend in overweight and obesity and its association with cardiovascular disease incidence. Circ J, 2014, 78:2807-2818.

[96] Diez-Fernandez A, et al., BMI as a Mediator of the Relationship between Muscular Fitness and Cardiometabolic Risk in Children: A Mediation Analysis. PLoS One, 2015: 10.

[97] Keith S W, Fontaine K R, Allison D B. Mortality rate and overweight: Overblown or underestimated? A commentary on a recent meta-analysis of the associations of BMI and mortality. Mol Metab, 2013, 2:65-68.

[98] Lee C M, et al. Indices of abdominal obesity are better discriminators of cardiovascular risk factors than BMI: a meta-analysis. J Clin Epidemiol, 2008, 61:646-653.

[99] Hall M E, et al. Obesity, hypertension, and chronic kidney disease. Int J Nephrol Renovasc Dis, 2014, 7:75-88.

[100] Nejat E J, Polotsky A J, Pal L. Predictors of chronic disease at midlife and beyond-the health risks of obesity. Maturitas, 2010, 65:106-111.

[101] Zacharias A, et al. Efficacy of rehabilitation programs for improving muscle strength in people with hip or knee osteoarthritis: a systematic review with meta-analysis. Osteoarthritis Cartilage, 2014, 22:1752-1773.

[102] Stewart V H, Saunders D H, Greig C A. Responsiveness of muscle size and strength to physical training in very elderly people: a systematic review. Scand J Med Sci Sports, 2014, 24:1-10.

[103] Suominen H. Muscle training for bone strength. Aging Clin Exp Res, 2006, 18:85-93.

[104] Yarasheski K E. Growth hormone effects on metabolism, body composition, muscle mass, and strength. Exerc Sport Sci Rev, 1994, 22:285-312.

[105] Nyberg L A, et al. Maximal step-up height as a simple and relevant health indicator: a study of leg muscle strength and the associations to age, anthropometric variables, aerobic fitness and physical function. Br J Sports Med, 2013, 47:992-997.

[106] Hurley B F, Hanson E D, Sheaff A K. Strength training as a countermeasure to aging muscle and chronic disease. Sports Med, 2011, 41:289-306.

[107] Houston M N, et al. The effectiveness of whole-body-vibration training in improving hamstring flexibility in physically active adults. J Sport Rehabil, 2015, 24:77-82.

[108] Sa-Caputo Dda C, et al. Whole body vibration exercises and the improvement of the flexibility in patient with metabolic syndrome. Rehabil Res Pract, 2014.

[109] Lam F M, et al. The effect of whole body vibration on balance, mobility and falls in older adults: a systematic review and meta-analysis. Maturitas, 2012, 72:206-213.

[110] Maciaszek J, Osinski W. The effects of Tai Chi on body balance in elderly people--a review of studies from the early 21st century. Am J Chin Med, 2010, 38:219-229.

[111] Hallett M. Volitional control of movement: the physiology of free will. Clin Neurophysiol, 2007, 118:1179-1192.

[112] The Office of Disease Prevention and Health Promotion. The second edition of the Physical Activity Guidelines for Americans in 2018. [2020-1-16] https://health.gov/paguidelines/second-edition/